JOHN GRAY

RAUBTIER MENSCH

Die Illusion des Fortschritts

Aus dem Englischen
von Hans Freundl

Klett-Cotta

MIX
Papier aus verantwortungsvollen Quellen
FSC® C014889

Klett-Cotta
www.klett-cotta.de
Die Originalausgabe erschien unter dem Titel
»The Silence of Animals. Thoughts on Progress and other Modern Myths« im Verlag Allen Lane, London, 2013

Redaktion: Thomas Reichert, Grevenbroich
Printed in Germany
Umschlag: Rothfos & Gabler, Hamburg
Unter Verwendung eines Fotos von © 68/Lew Robertson/Ocean/Corbis
Gesetzt von Dörlemann Satz, Lemförde
Gedruckt und gebunden von Friedrich Pustet GmbH & Co. KG, Regensburg
ISBN 978-3-608-94884-4

Bibliografische Information der Deutschen Nationalbibliothek
Die Deutsche Nationalbibliothek verzeichnet diese Publikation in der Deutschen Nationalbibliografie; detaillierte bibliografische Daten sind im Internet über <http://dnb.d-nb.de> abrufbar.

Die Jahreszeiten sind nicht mehr, was sie waren,
Doch es ist die Natur der Dinge, nur einmal gesehen zu werden,
Wenn sie geschehen.

John Ashbery

Inhalt

1 Ein altes Chaos

Die hochzivilisierten Affen schwangen sich graziös von Ast zu Ast; der Neandertaler war plump und klebte am Boden. Die Affen, satt und zufrieden, lebten in raffinierter Verspieltheit; sie fingen Flöhe und gaben sich philosophischen Betrachtungen hin; der Neandertaler trampelte düster durch die Welt und schlug mit Keulen um sich. Die Affen blickten interessiert von ihren Wipfeln herab und warfen Nüsse nach ihm ... sie aßen Früchte und zarte Pflanzen mit feinen Manieren; der Neandertaler verschlang rohes Fleisch, er schlachtete Tiere und seinesgleichen. Er fällte Bäume, die immer dagestanden hatten, rückte Felsen von ihren geheiligten Plätzen, versündigte sich gegen jedes Gesetz und gegen jede Tradition des Dschungels. Er war plump, grausam, ohne tierische Würde – vom Standpunkt der hochzivilisierten Affen ein barbarischer Rückfall der Geschichte.[1]

Der Ruf des Fortschritts

»Kayerts hing an einem Lederriemen von dem Kreuz herab. Er hatte offenbar den hohen, schmalen Grabhügel erklommen und war, nachdem er das Ende des Riemens an den Kreuzbalken geknüpft hatte, abgesprungen. Seine Zehen befanden sich nur wenige Zentimeter über dem Boden; seine Arme hingen steif herab; er schien strammzustehen, ohne dabei jedoch die eine puterrote Wange spielerisch auf die Schulter zu legen. Und unehrerbietig streckte er seinem leitenden Direktor eine geschwollene Zunge heraus.«[2]

Der Erhängte war einer der Händler, die von einem belgischen Handelsunternehmen in einen entlegenen Teil des Kongos geschickt worden waren, 300 Meilen vom nächsten Handelsplatz entfernt. Der Großteil ihrer Arbeit wurde von einem einheimischen Übersetzer erledigt, der das Auftauchen von Sklavenhändlern dazu nutzte, die eingeborenen Arbeiter des Vorpostens im Austausch für Elfenbein als Sklaven zu verkaufen. Kayerts war zunächst entsetzt darüber, dass er in den Sklavenhandel verwickelt wurde, doch da ihm das Geschäft als sehr lukrativ erschien, billigten er und Carlier, der andere Europäer, den Handel schließlich. Nachdem das Geschäft abgewickelt war, blieb ihnen nicht mehr viel zu tun. Sie verbrachten ihre Tage mit dem Lesen von billigen Romanen und alten Zeitungen, in denen »Unsere koloniale Expansion« beschrieben wurde und die Verdienste jener gerühmt wurden, »die sich aufmachten, um Licht, Glauben und Handel in die dunklen Plätze der Erde zu tragen«.[3] Bei der Lektüre dieser Texte und Schriften begannen Kayerts und Carlier »eine höhere Meinung von sich zu haben«.[4] Im Laufe der folgenden Monate entwöhnten sie sich zunehmend von der Arbeit. Das Dampfschiff, auf das sie warteten, kam nicht, und allmählich gingen ihre Vorräte zur Neige. Bei einem Streit um die letzten Zuckerwürfel wird Carlier getötet. Verzweifelt entschließt sich Kayerts daraufhin, seinem Leben ebenfalls ein Ende zu setzen. Gerade als er sich am Kreuz aufhängt, erscheint der Dampfer. Als der Direktor der Handelsgesellschaft die Handelsstation betritt, findet er den toten Kayerts.

Joseph Conrad schrieb »Ein Vorposten des Fortschritts« im Jahr 1896; diese Kurzerzählung ist ähnlich ungeheuer und desillusionierend wie sein späterer und weltweit bekannter Roman *Herz der Finsternis*. Conrad schildert, wie Kayerts »denkend bei dem Leichnam saß, sehr lebhaft denkend, sehr neuen Gedanken nachhängend. Von sich selbst schien er sich völlig losgerissen zu haben. Seine alten Gedanken, Überzeugungen, Neigungen und Abneigungen, Dinge, die er achtete, und Dinge, die verabscheute, erschienen endlich in ihrem wahren Licht! Erschienen verächtlich und kindisch, falsch und lächerlich. Er schwelgte in seinem neuen Wissen, während er neben dem Mann saß, den er getötet hatte.«[5] Doch nicht alle alten Überzeugungen von Kayerts haben sich verflüchtigt, und die letzten Reste seiner Glaubensüberzeugungen führen ihn schließlich in den Tod. »Der Fortschritt rief Kayerts vom Fluß her. Fortschritt, Zivilisation und alle Tugenden. Die menschliche Gesellschaft rief ihr angestammtes Kind, um für es zu sorgen, es zu belehren, es zu richten, zu verurteilen; sie forderte ihn auf, in jenen Unrathaufen zurückzukehren, von dem er sich entfernt hatte, damit die Gerechtigkeit ihren Lauf nehme«.[6] Dass Conrad diese Geschichte im Kongo ansiedelte, wo er die Auswirkungen des belgischen Imperialismus selbst erlebt hatte, als er 1890 ins Land kam, um den Befehl über einen Flussdampfer zu übernehmen, war die Folge eines Wandels, den er persönlich durchgemacht hatte. Er war mit der Überzeugung gekommen, er sei ein zivilisierter Mensch, doch dann erkannte er, wer er wirklich war: »Vor dem Kongo war ich nicht mehr als ein Tier.«[7] Das Tier, das Conrad hier meint, war die europäische Menschheit, die den Tod von Millionen Menschen im Kongo verursachte.

Die Vorstellung, der Imperialismus könne eine Kraft sein, die den menschlichen Fortschritt fördert, ist schon längst in Verruf geraten. Doch der Glauben, der einst mit dem Empire verbunden war, wurde keineswegs aufgegeben. Er hat sich vielmehr allgemein verbreitet. Selbst Menschen, die eher traditionelleren Überzeugungen anhängen, gründen ihr seelisches Wohlbefinden auf einen Glauben an die Zukunft. Die Geschichte mag eine Abfolge von Absurditäten, Tragödien und Verbrechen sein; doch die Zukunft – davon sind alle überzeugt – kann dennoch besser sein als alles, was in der Vergangenheit war. Diese Hoffnung aufzugeben, würde die Menschen in einen Zustand der Verzweiflung stürzen, ähnlich jenem, der Kayerts aus der Bahn warf.

Unter den vielen Vorzügen, die der Glaube an den Fortschritt bietet, ist wohl der wichtigste, ein zu großes Maß an Selbsterkenntnis zu verhindern. Als Kayerts und sein Partner im Kongo erschienen, waren die Fremden, die sie dort antrafen, nicht die Eingeborenen, sondern sie selbst.

> Sie lebten wie blinde Männer in einem großen Raum, nur das erfassend, was mit ihnen in Berührung kam (und selbst das nur unvollkommen), doch unfähig, die allgemeine Gestalt der Dinge zu begreifen. Der Fluß, der Wald, das ganze große Land, das vor Leben bebte, war wie eine große Leere ... Dinge tauchten vor ihren Augen auf und verschwanden in zusammenhangloser und ziellose Weise. Der Fluß schien von nirgendwoher zu kommen und nirgendshin zu fließen. Er floß durch eine Leere. Aus dieser Leere kamen zuweilen Kanus, und plötzlich drängten sich Männer mit Speeren in der Hand am Hof der Niederlassung.[8]

Sie ertragen die Stille nicht, die über sie hereingebrochen ist, und »nach allen Richtungen sich ausdehnend, den gleichgültigen, gerodeten Platz der Handelsniederlassung umgebend, lagen die riesigen Wälder, die im beredten Schweigen stummer Größe die schicksalhaften Verwicklungen eines phantastischen Lebens verbargen«.[9] Sie verlieren das Gefühl für das Vergehen der Zeit, das sie mitgebracht haben. Gegen Ende der Geschichte schreibt Conrad: »Diese Burschen, die sich der Gesellschaft für sechs Monate verpflichtet hatten (ohne die geringste Vorstellung von einem Monat im besonderen zu haben und mit nur einer blassen Idee von der Zeit im Allgemeinen), hatten der Sache des Fortschritts nun schon über zwei Jahre gedient.«[10] Nachdem sie ihrer Gewohnheiten verlustig gegangen sind, büßen Kayerts und Carlier auch jene Fähigkeiten ein, die für das Weiterleben erforderlich sind. »Die menschliche Gesellschaft hatte – nicht aus Sanftmut, sondern aufgrund ihrer eigenartigen Bedürfnisse – für diese beiden Männer gesorgt, ihnen jeden unabhängigen Gedanken, jede Initiative, jedes Abweichen von der Norm verboten. Nur unter der Bedingung, Maschinen zu sein, konnten sie leben.«[11]

Die maschinenartige Verfassung des modernen Menschen mag als eine Beschränkung erscheinen. In Wirklichkeit ist sie die Bedingung seines Überlebens. Kayerts und Carlier konnten nur deshalb als Individuen funktionieren, weil sie bis in ihr innerstes Wesen von der Gesellschaft geformt worden waren. Sie waren

> zwei vollkommen unbedeutende und unfähige Individuen, deren Existenz nur durch die hochentwickelte Organisation der zivilisierten Massen ermöglicht wird. Wenige Menschen sehen ein, daß ihr Leben, der innerste Zug ihres Charakters, ihre Fähigkeiten und ihr Wagemut nur der Ausdruck ihres Glaubens an die Sicherheit ihrer Umgebung sind. Die Kühnheit, die Gemütsruhe, das Vertrauen; die Gefühlsregungen und Prinzipien; jeder große und jeder unbedeutende Gedanke gehört nicht dem Individuum zu, sondern der Masse: der Masse, die blind an die unwiderstehliche Kraft ihrer Institutionen und ihrer Sitten, an die Macht ihrer Polizei und ihrer Meinung glaubt.[12]

Als die beiden Männer aus ihrem gewohnten Umfeld heraustraten, waren sie unfähig zu handeln. Mehr als das, sie hörten zu existieren auf.

Wer voll umfangen ist von einem Mythos, dem erscheint dieser als eine selbstverständliche Tatsache. Der menschliche Fortschritt ist eine solche Tatsache. Wenn man sie akzeptiert, bekommt man einen Platz zugewiesen auf dem großen Weg des Menschengeschlechts. Doch die Menschheit marschiert nirgendwohin. »Die Menschheit« ist eine Fiktion, die aus Milliarden Einzelwesen besteht, deren Leben jeweils einzigartig und endlich ist. Doch der Fortschrittsmythos ist ungemein machtvoll. Wenn er seine Macht einbüßt, sind jene, die an ihn geglaubt haben – wie Conrad mit Blick auf Kayerts und Carlier schrieb –, »wie jene lebenslänglichen Sträflinge, die, wenn sie nach vielen Jahren freigelassen werden, nicht wissen, welchen Gebrauch sie von ihrer Freiheit machen sollen«.[13] Nimmt man ihnen den Glauben an die Zukunft, nimmt man ihnen auch ihr Selbstbild. Wenn sie sich dann für den Tod entscheiden, tun sie dies, weil sie ohne diesen Glauben in ihrem Leben keinen Sinn mehr sehen.

Nachdem Kayerts den Entschluss gefasst hat, seinem Leben ein Ende zu setzen, verwirklicht er ihn, indem er sich an einem Kreuz aufhängt. »Kayerts blieb stehen. Er blickte hinauf; der Nebel rollte tiefer über seinen Kopf hinweg. Er blickte sich um wie ein Mann, der seinen Weg verloren hat; und er sah einen dunklen Schatten, einen kreuzförmigen Fleck auf der wogenden, sich verschiebenden Weiße des Dunstes. Als er begann, darauf zuzutaumeln, läutete die Glocke mit dröhnendem Tosen ihre Antwort auf den ungeduldigen Lärm des Dampfers.«[14] Im selben Augenblick, als der Dampfer erscheint – was darauf hinweist, dass die Zivilisation doch noch intakt ist –, erreicht Kayerts das Kreuz, wo er im Tod die Erlösung findet.

Was hat das Kreuz mit dem Fortschritt zu tun? Conrad teilt uns mit, dass es vom Direktor der Handelsgesellschaft über dem Grab seines ersten Handelsvertreters aufgestellt wurde, eines ehemaligen erfolglosen Malers, der »diesen Vorposten des Fortschritts geplant und seine Errichtung überwacht hatte«.[15] Das Kreuz »hing stark über«, so dass Carlier jedes Mal schielen musste, wenn er daran vorüberging, und daher richtet er es eines Tages wieder gerade auf. Um sich zu vergewissern, dass es fest verankert ist, presst er sich mit seinem ganzen Gewicht dagegen: »Ich hängte mich mit beiden Händen an die Kreuzarme. Nicht die geringste Schwankung mehr. Oh, das habe ich richtig gemacht«.[16] Auf dieser großen, robusten Konstruktion, die im Nebel wie ein dunkler, schmutziger Klecks erscheint, beendet Kayerts sein Leben.

In der Geschichte, die sich die moderne Welt immer wieder selbst erzählt, steht der Fortschrittsglaube im Widerspruch zur Religion. Im dunklen Zeitalter des Glaubens gab es keine Hoffnung auf eine grundlegende Veränderung im Leben der Menschen. Mit dem Aufkommen der modernen Wissenschaft weitete sich der Blick, und eine Verbesserung erschien möglich. Das wachsende Wissen ermöglichte es den Menschen, ihr Schicksal selbst in die Hand zu nehmen. Waren sie vorher im Schatten verborgen gewesen, konnten sie nun hinaustreten ins Licht.

Tatsächlich steht die Idee des Fortschritts aber nicht in jenem Sinne in Konflikt mit der Religion, wie es diese Erzählung suggeriert. Der Glaube an den Fortschritt ist ein spätes Überbleibsel des frühen Christentums, dessen Ursprung in der Botschaft Jesu liegt, eines ketzerischen jüdischen Propheten, der das Ende der Tage ankündigte. Für die alten Griechen wie auch die alten Ägypter war das nichts Neues. Die menschliche Geschichte unterliegt den Zyklen der Natur. Davon gehen auch der Hinduismus und der Buddhismus aus, der Daoismus und der Shintoismus sowie die hebräische Bibel. Indem das Christentum – jene Religion, die der heilige Paulus aus dem Leben und den Lehren von Jesus entwickelte – die Erwartung einer radikalen Veränderung schürte, begründete es die moderne Welt.

In der Praxis dagegen lebten die Menschen weiter wie eh und je. Wallace Stevens schrieb:

Auf jenem Wasser ohne Laut hört sie
Rufen: »Das Grab in Palästina ist
Nicht der Ort für Geister, die da harren.
Jesu Grab ist es, denn dort hat er gelegen.«
Wir leben in einem alten Chaos der Sonne.[17]

Bald wurde die Erwartung der Endzeit in eine Metapher für eine geistige Transformation umgedeutet. Doch auch die Erwartungen an die Zukunft hatten sich verändert. Es bedurfte vieler Wandlungen, bis sich die christliche Erzählung zum Mythos vom unendlichen Fortschritt modernisieren konnte. Galt die Geschichte früher als eine Abfolge von Zyklen wie etwa die Jahreszeiten, wurde sie nun als eine Erzählung von Erlösung und Errettung betrachtet, und in modernen Zeiten wurde die Erlösung mit dem Wachstum von Wissen und Macht gleichgesetzt – jenem Mythos, der Kayerts und Carlier in den Kongo führte.

Als Conrad seine Erfahrungen im Kongo in seinem Roman *Herz der Finsternis* (1899) verarbeitete, erzählte er keine Geschichte der Barbarei in entlegenen Weltgegenden. Der Erzähler sitzt auf einer Yacht, die in der Mündung der Themse ankert: Die Barbarei ist keine primitive Lebensform, möchte Conrad seinen Lesern verdeutlichen und sie damit zugleich erschrecken, sondern eine pathologische Entwicklung der Zivilisation. Derselbe Gedanke taucht auch in *Der Geheimagent* (1907) wieder auf, einem Roman über Terrorismus und Verschwörungen, der in London spielt. Der Professor und Anarchist, der stets eine Bombe bei sich trägt, die er zur Explosion zu bringen gedenkt, falls er verhaftet wird, möchte glauben, dass die Menschheit vom Staat verdorben worden ist, einer grundsätzlich verbrecherischen Einrichtung. Doch nach Conrads Auffassung sind nicht nur der Staat und die Regierung vom Verbrechen befleckt. Sämtliche menschlichen Einrichtungen – die Familie und die Kirche, die Polizei und die Anarchisten –, sie alle sind vom Makel des Verbrechens gezeichnet. Wenn die menschliche Boshaftigkeit durch den Verweis auf verderbte Einrichtungen erklärt wird, bleibt eine Frage offen: Warum neigen die Menschen so sehr zur Verderbtheit? Die Antwort liegt zweifellos in der Bestie, im Raubtier Mensch selbst.

Conrad zeigt, wie der Professor mit dieser Erkenntnis ringt: »Er befand sich auf einer langen, schnurgerade verlaufenden Straße, in der sich nur ein Bruchteil der unüberschaubaren Masse bewegte. Doch von überallher fühlte er die Macht gegen sich andrängen, die von einer vielköpfigen Menschenmasse, eben ihrer großen Zahl wegen, ausgeht. Da umschwärmten sie ihn, zahllos wie die Heuschrecken, emsig wie die Ameisen, gedankenlos wie eine Naturgewalt, sie bewegten sich blind, folgsam, und auf ihr Ziel bedacht voran, bar jeden Feingefühls, jeder logischen Erwägung abhold und vielleicht nicht einmal mehr dem Terror zugänglich.«[18]

Der Professor träumt von einer Zukunft, in der die Menschheit neu erstanden ist. Doch seine Liebe gilt in erster Linie der Zerstörung: »Und der unbestechliche Professor ging dahin und wandte die Augen von der verhassten Menge. Er hatte keine Zukunft. Er verschmähte sie. Er war eine Kraft. In Gedanken hätschelte er Bilder von Verderben und Zerstörung. Er ging dahin, zierlich, unscheinbar, schäbig, unglücklich und furchtbar in seiner Einfalt, die ihn bestimmte, zur Erneuerung der Welt Irrsinn und Verzweiflung herbeizurufen.«[19] Während sich Kayerts erhängte, weil er nicht mehr an den

Fortschritt glaubte, ist der Professor bereit, zu töten und zu sterben, um zu zeigen, dass er nach wie vor auf die Zukunft setzt.

Der Fortschrittsmythos wirft eine bedeutungsvolle, durchdringende Ahnung auf das Leben jener, die ihn akzeptieren. Kayerts, Carlier und viele, die ihnen ähnlich waren, taten nichts, was man in irgendeiner Weise als bedeutend einstufen konnte. Doch ihr Glaube an den Fortschritt ließ ihre belanglosen Aktivitäten als Teil eines großen Plans erscheinen, während ihr armseliger Tod eine Art von exemplarischer Vergeblichkeit erlangte, die ihrem Leben gefehlt hatte.

Erstarrte Pferde und Wüsten aus Ziegeln

Als der britische Nachrichtenoffizier Norman Lewis Anfang Oktober 1943 in Neapel ankam, waren die Bewohner der Stadt beinahe am Verhungern:

> Es ist erstaunlich, den Anstrengungen dieser so erschütterten, so ausgehungerten, so aller ihr Dasein rechtfertigenden Dinge beraubten Stadt zuzusehen, wie sie sich einstellt auf den Rückfall in Zustände, die dem Leben im finsteren Mittelalter ähnlich sein müssen. Menschen schlagen wie Beduinen Zelte auf in Wüsten aus Ziegeln. Es gibt wenig Essen, wenig Wasser, kein Salz, keine Seife. Viele Neapolitaner haben in den Bombenangriffen ihr Hab und Gut verloren, einschließlich fast der gesamten Kleidung, und ich habe manche merkwürdige Zusammenstellung von Kleidungsstücken auf den Straßen gesehen, darunter einen Mann in einer alten Smokingjacke, Knickerbockern und Armeestiefeln, und etliche Frauen in Spitzenstoff, der von Vorhängen stammen könnte. Es gibt keine Autos, aber Hunderte

> von Karren und ein paar alte Kutschen wie zum Beispiel Barouche und Phaeton, die von mageren Pferden gezogen werden. Heute hielt ich in Posilippo an, um die systematische Zerlegung eines gestrandeten deutschen Halbkettenfahrzeugs durch eine Anzahl Jugendlicher zu beobachten, die davon zurückströmten wie blätterfressende Ameisen, mit Metallstücken in allen Größen und Formen … Jeder improvisiert und bastelt.[20]

In seinem 1978 erschienenen Erfahrungsbericht *Neapel '44* schildert Lewis seine Erlebnisse bei der Besetzung Neapels durch die Alliierten und zeichnet dabei das Bild einer Gesellschaft nach dem Zusammenbruch der Zivilisation. Die von Seuchen geplagten Bewohner – kurz nach der Befreiung wurde die Stadt von einer Typhus-Epidemie heimgesucht, auch die Syphilis war weit verbreitet – waren umgeben von Tod und Krankheit. Neben dem Kampf gegen die Krankheiten gab es einen weiteren Kampf, der alle Kräfte beanspruchte – das tägliche Ringen ums Überleben.

Lewis wollte um jeden Preis der Enge und den Einschränkungen der Zwischenkriegszeit in England zu entfliehen. Im Londoner Vorort Enfield geboren, verbrachte er dort auch den Großteil seiner Jugend und heiratete die Tochter eines sizilianischen Mafioso, den es nach Bloomsbury verschlagen hatte. In einem Sarg war Lewis' künftiger Schwiegervater nach Amerika geschmuggelt worden; nachdem jedoch auf seine Wohnung in New York ein Überfall mit Maschinenpistolen verübt worden war, entschloss er sich, nach Europa zurückzukehren. Vermutlich war er jener Sizilianer, der Lewis' Ausflüge in das Geschäftsleben finanzierte; als Inhaber eines Fotogeschäfts beherrschte Lewis eine Zeitlang den Markt für Leica-Kameras in Großbritannien. Nach Aussagen von Lewis führte eine Begegnung in diesem Laden dazu, dass er sich 1937 als »Amateurspion« vom britischen Geheimdienst anwerben ließ, der ihn auf eine Mission in den Jemen schickte. Lewis machte sich mit einer Dau auf den Weg, erhielt aber keine Einreiseerlaubnis in das damals noch feudalherrschaftlich geprägte Land. Auf der Heimreise lernte er einen englischen Archäologen kennen, der anscheinend dafür verantwortlich war, dass sich Lewis beim Nachrichtendienst bewarb.[21]

Als Lewis im September 1943 am Strand von Paestum südöstlich von Neapel landete, stellte er fest, dass »eine merkwürdige, trügerische Klarheit über dem Anblick des Landes« lag. Die Leichen der im Verlauf des Tages Getöteten, die am Strand lagen, »waren in eine Reihe gelegt worden, Schulter an Schulter, mit großer Genauigkeit, wie wenn sie gleich das Gewehr präsentieren würden bei einer Inspektion durch den Tod«. Als Lewis landeinwärts ging, während die Sonne langsam hinter ihm versank, stieß er auf »die drei vollkommenen Tempel von Paestum, rot und glühend und großartig im letzten Sonnenlicht«. Auf dem Feld zwischen ihm und dem Tempel lagen zwei tote Kühe, deren Beine himmelwärts ragten. Lewis erschien diese Szene »wie eine Erleuchtung, einer der großen Augenblick des Lebens«.[22]

Als Neapel von den alliierten Truppen befreit wurde, berichtet Lewis, waren sämtliche Bewohner arbeitslos und auf der Suche nach Nahrungsmitteln. Der Besetzung ging ein Flächenbombardement voraus, durch das mehrere Arbeiterviertel zerstört und die Strom- und Wasserversorgung unterbrochen wurden. Zeitzünderbomben – von den Deutschen beim Abzug zurückgelassen – vergrößerten noch die Gefahr. Da die wirtschaftlichen Strukturen zusammengebrochen waren, zogen die Bewohner umher und nahmen alles an sich, dessen sie habhaft werden konnten, unter anderem auch tropische Fische aus dem Aquarium der Stadt. Tausende Menschen, die auf einer kleinen Parzelle zusammengepfercht waren, ernährten sich von Schlachthofabfällen, Fischköpfen und Katzen, die sie in den Straßen fingen. Familien sammelten auf dem Land Pilze und Löwenzahnblüten und stellten Vogelfallen auf. Für Medikamente hatte sich ein florierender Schwarzmarkt entwickelt, gegen den die Alliierten nicht einschritten.

Da alles verkäuflich war, wurde auch alles gestohlen, was man bewegen konnte - Statuen von öffentlichen Plätzen, Telegrafenmasten, Penicillinampullen und medizinische Instrumente, kleine Boote, Grabsteine, Benzin, Reifen, die Ausstellungsstücke von Museen, die Bronzetüren einer Kirche. Menschen, die einstmals der Mittelschicht angehört hatten, verhökerten Schmuck, alte Bücher und Bilder, ein »Priester mit weißen Lippen und einem Lächeln« verkaufte Regenschirmgriffe, Kerzenleuchter und kleine Ornamente aller Art, die aus den Knochen von Heiligen geschnitzt waren, welche aus einer der Katakomben gestohlen worden waren, während ungefähr ein Drittel der Frauen in der Stadt regelmäßig oder gelegentlich Liebesdienste anboten.[23] Lewis berichtet vom Besuch eines Prinzen, der nun eine schwere Zeit durchlebte, und der Herr eines nahe gelegenen Palais samt eines weitläufigen Anwesens im Süden war. Der Prinz kam gemeinsam mit seiner Schwester und hatte den Briten früher als Informant gedient; doch der Grund seines Besuches war die Anfrage, ob Lewis es bewerkstelligen könne, seine Schwester in einem Armeebordell aufzunehmen. Als Lewis ihm erklärte, dass es keine solche Einrichtung in der britischen Armee gäbe, war der Prinz enttäuscht. »A pity«, sagte er. Dann wandte er sich an seine Schwester, die ebenso wie er hervorragend Englisch sprach, und sagte: »Na gut, Luisa, was nicht geht, geht nicht.«[24]

Wenn überhaupt jemand Gesetz und Ordnung gewährleistete, war es die Camorra. Die Organisation, die sich über die Jahrhunderte als ein »System der Selbstverteidigung gegen die Schikaneure und die Steuereintreiber einer Abfolge fremder Regierungen« entwickelt hatte, war mittlerweile nur noch eine gewöhnliche Verbrecherbande. Polizei und Gerichte waren in hohem Maße korrupt. Um den Schwarzmarkt zurückzudrängen, entschloss sich Lewis, einen der Schieber verhaften zu lassen, der in den Penicillinschmuggel verwickelt war. »Immer noch vollkommen entspannt und gutartig« erklärte dieser Mann Lewis: »Es wird Ihnen schaden. Wer sind Sie? Sie sind niemand. Gestern Abend habe ich mit einem gewissen Colonel gespeist. Wenn Sie des Lebens in Neapel überdrüssig sind, kann ich Sie woandershin schicken lassen.« Der Schieber wurde verhaftet, und als Lewis in seine Zelle kam, um ihn zu verhören, tat sich der Schmuggler an einem köstlichen Mahl gütlich und lud Lewis ein, ihm Gesellschaft zu leisten. Die Untersuchungen kamen nicht voran. Ein Zeuge, von dem sich Lewis einiges erhoffte, weigerte sich auszusagen, und schließlich wurde dem Schmuggler durch ein ärztliches Gutachten eine Erkrankung bescheinigt, die seine Überstellung in ein Zivilkrankenhaus erforderlich machte. Dadurch wurde er faktisch der Justiz entzogen. Als Lewis mit dem Sicherheitsoffizier über diese unerfreuliche Entwicklung sprach, sagte dieser, er sei überrascht, dass er sich die Zeit nehmen könne, den Fall weiter zu verfolgen.[25]

Lewis musste feststellen, dass seine Versuche, zumindest einen Anschein von Recht und Gesetz in der Stadt wiederherzustellen, sinnlos, ja sogar schädlich waren. »Tatsache ist, daß wir hier das natürliche Gleichgewicht gestört haben. Ich persönlich bin unbeugsam gewesen, wo ich flexibel hätte sein sollen. Hier spielen die Polizei – korrupt und tyrannisch, wie sie ist – und die Zivilbevölkerung zusammen ein Spiel, aber die Regeln sind komplex, und ich verstehe sie nicht, und wegen dieses Mangels an Verständnis verliere ich den Respekt.«[26] Lewis schrieb später *Die ehrenwerte Gesellschaft: Die Geschichte der Mafia* (1964, dt. 1965), ein nicht unsympathisches Porträt dieser kriminellen Organisation.

Unter den Bedingungen, die Lewis in Neapel kennenlernte, spielte die Moral keine Rolle mehr. In seiner Autobiographie *I Came, I Saw* (1985) berichtet Lewis von sowjetischen Kriegsgefangenen, die sich in die Stadt durchschlagen konnten, in deren Nähe sie interniert waren, und die es schafften, auf ein Truppentransportschiff zu gelangen. Lewis fand heraus, wie es ihnen gelungen war, in deutscher Kriegsgefangenschaft zu überleben:

> Ich lauschte viele Stunden den Erzählungen dieser Überlebenden und erfuhr dabei, dass auf jeden sowjetischen Soldaten, dem es gelang, dem Glutofen des Gefangenenlagers zu entrinnen, hundert Gefangene kamen, die erbärmlich zu Tode kamen. Ein Überlebender, ein 19 Jahre alter tadschikischer Schäfer, der im Lager interniert worden war, erinnerte sich, dass den Gefangenen einmal von einem kleinen, freundlich gestimmten Deutschen, der eine Brille trug, über Lautsprecher auf Russisch mitgeteilt worden war: »Ihr seid wesentlich mehr, als wir erwartet haben. Wir haben Nahrungsmittel für 1000 Insassen, aber ihr seid 10 000, und daraus müsst ihr eure eigenen Schlüsse ziehen.«[27]

Lewis berichtet, dass die Überlebenden, die aus Lagern kamen, in denen vier oder fünf Millionen Menschen gestorben waren, »als Erstes ihren Widerwillen gegen Kannibalismus überwinden mussten; und ich erfuhr, dass alle Männer auf diesem Schiff Menschenfleisch gegessen hatten. Die meisten gaben dies umstandslos zu, oft überraschenderweise auch – als würde ihnen dieses Bekenntnis eine psychische Entlastung verschaffen – mit einer gewissen Beflissenheit.

In dem übelriechenden Zwielicht unter Deck hockend, schilderten sie, als würden sie irgendeine düstere asiatische Legende erzählen, wie es bisweilen zu lauten Auseinandersetzungen und Raufereien kam, wenn ein Mann starb und sich die Gefangenen wie ausgehungerte Hunde auf den Leichnam stürzten, bevor die Deutschen ihn wegziehen konnten.«

Nachdem sie die deutschen Lager überlebt hatten und anschließend in der deutschen Armee dienen mussten, fürchteten die Kriegsgefangenen, wieder in die Sowjetunion zurückgeschickt zu werden. Ihre Ängste wurden besänftigt, als die Briten sie mit Khaki-Uniformen einkleideten. Die britischen Uniformen, so glaubten sie, würden sicherstellen, dass sie von den sowjetischen Behörden wie Verbündete behandelt werden würden. Doch da die Briten vermuteten, dass die Kriegsgefangenen keine rosige Zukunft erwarten würde, verzichteten sie darauf, sich eingehender nach ihrem Schicksal zu erkundigen. Tatsächlich wurden die meisten Überlebenden nach der Überstellung erschossen und die übrigen kamen in den Gulag.

Seine Erfahrungen in Neapel bescherten Lewis ein Erweckungserlebnis. Dieses ereignete sich, als eine Gruppe von Mädchen im Alter zwischen neun und zwölf Jahren im Eingang eines Restaurants erschien, in dem Lewis beim Essen saß. Bei den Mädchen handelte es sich um Waisenkinder, die durch den Geruch der Speisen angezogen worden waren. Als er bemerkte, dass sie blind waren und weinten, erwartete Lewis, dass die Essensgäste ihr Mahl unterbrechen würden. Doch niemand bewegte sich. Die Mädchen wurden behandelt, als seien sie gar nicht da. »Volle Gabeln wurden in offene Münder geschoben, das Stimmengewirr der Gespräche ging weiter, niemand sah die Tränen.«

Rückblickend stellte Lewis fest: »Dieses Erlebnis veränderte meinen Blick. Bisher hatte ich mich an den tröstlichen

Glauben geklammert, daß sich die Menschen nach und nach mit Schmerz und Trauer abfinden können. Jetzt sah ich meinen Irrtum ein, und wie Paulus machte ich eine Bekehrung durch – doch zum Pessimismus ... Ich wußte, daß sie unaufhörlich weiterweinen würden, verurteilt zu Finsternis, Hunger und Verlust ohne Ende. Sie würden nie genesen von ihrem Schmerz, und ich würde nie genesen von dieser Erinnerung.«[28]

Lewis' Erweckungserlebnis beeinträchtigte seine Freude am Leben nicht. Später bekannte er, dass sein Hauptinteresse der Lilienzucht gelte und dass es ihm gelungen sei, einige besonders seltene Arten in England zu züchten. Außerdem unternahm er ausgedehnte Reisen. Ob sie sich mit der Zerstörung der alten Kulturen in Asien durch jahrzehntelange Kriege oder der Versklavung von Amazonasstämmen durch christliche Missionare beschäftigten – die Bücher, die er in seinem langen Leben schrieb (er starb 2003 im Alter von 95 Jahren), vermitteln eine tiefsitzende Melancholie, die sich mit einer, wie er selbst es ausdrückte, »intensiven Freude darüber, daß ich lebe«, vermischte.

Curzio Malaparte wurde vom Leben in Neapel im Jahr 1944 nicht so tiefgreifend verändert wie Lewis. Der Schriftsteller, Soldat, Architekt und Komponist, Presse-Koordinator bei der Friedenskonferenz von Versailles 1919, Autor eines Handbuchs über die Technik des Staatsstreichs, das heute noch zu Rate gezogen wird, weilte zur selben Zeit wie Lewis in Neapel, und Lewis erinnerte sich, dass er einmal auf einer Party im nahe gelegenen Capri sein »gehetztes Gesicht« gesehen habe. Kurz nach seiner Ankunft in Neapel stellte sich Malaparte in die Dienste der Befreier und wurde als italienischer Verbindungsoffizier zum amerikanischen Hochkommando eingesetzt. Ungefähr zu dieser Zeit wurde er wohl auch Mitarbeiter des amerikanischen Geheimdienstes.[29]

Malaparte erschien der Kampf um das Überleben nach der Besetzung der Stadt als schlimmer als alle Geschehnisse während des Krieges:

> Vor der Befreiung hatten wir gekämpft und gelitten, um nicht zu sterben. Jetzt kämpften und litten wir, um zu leben. Es besteht ein tiefer Unterschied zwischen dem Kampf, um nicht zu sterben, und dem Kampf, um zu leben. Menschen, die kämpfen, um nicht zu sterben, bewahren ihre Würde, verteidigen sie eifersüchtig, alle, Männer, Frauen, Kinder, mit grimmiger Entschlossenheit ... Und wenn Menschen kämpfen, um nicht zu sterben, klammern sie sich mit der Kraft der Verzweiflung an alles, was den lebendigen, ewigen Teil des menschlichen Lebens bildet, das Wesen, den edelsten und reinsten Bestand des Lebens: Würde, Stolz, Freiheit des eigenen Gewissens. Sie kämpfen, um sich die eigene Seele zu erhalten. Aber nach der Befreiung mußten die Menschen kämpfen, um zu leben. Es ist eine demütigende, entsetzliche Sache, eine schmachvolle Notwendigkeit, zu kämpfen, um zu leben. Nur um zu leben. Nur um die nackte Haut zu retten.[30]

Als er den Überlebenskampf in der Stadt beobachtete, sah Malaparte, wie die Zivilisation von ihr abfiel. Die Menschen, für die sich die Bewohner selbst gehalten hatten – Menschen, die, wie unvollkommen auch immer, von dem Gedanken von richtig und falsch geformt worden waren –, verschwanden. Nur noch hungrige Tiere blieben, bereit, alles zu tun, um weiterleben zu können; doch sie waren nicht die Tiere, die unschuldig töten und in Wäldern und Dschungeln sterben. Ohne ein Selbstbild jener Art, das Menschen wertschätzen, sind diese Tiere zufrieden mit dem, was sie sind. Für Menschen ist der Kampf ums Überleben ein Kampf gegen sich selbst.

Malaparte gab dem Buch, in dem er von seiner Zeit in Neapel berichtete, den Titel *Die Haut.* Nach seinem Erscheinen 1949 wurde es vom Vatikan auf den Index der verbotenen Bücher gesetzt – nicht ohne Grund. Wenn die Neapolitaner weniger als andere Europäer unter dem Zusammenbruch der Zivilisation gelitten hatten, behauptete Malaparte, lag dies daran, dass sie eigentlich nie im strengen Sinne Christen gewesen waren. Die Religion, die sich Europa unterworfen hatte, hatten sie nur auf oberflächliche Weise angenommen, gewissermaßen als eine Fortsetzung älterer Kulte. Sie verankerte sich nicht in ihren Seelen. Daher fiel es ihnen leichter, folgerte er, sich ihres Selbstbilds als moralische Wesen zu entledigen.

Die Haut, eher eine surrealistische Schilderung der Erlebnisse des Autors als eine tatsächliche Darstellung der Ereignisse, enthält imaginäre Gespräche, die der Autor mit den amerikanischen Befreiern der Stadt geführt haben könnte. In einer dieser Unterhaltungen ist die Rede von der Einzigartigkeit Neapels: »Neapel ist die geheimnisvollste Stadt Europas, es ist die einzige Stadt der antiken Welt, die nicht untergegangen ist wie Ilios, wie Ninive, wie Babylon. Es ist die einzige Stadt der Welt, die nicht in dem ungeheuren Schiffbruch der antiken Kultur versunken ist. Neapel ist ein Pompeji, das niemals verschüttet wurde. Es ist keine Stadt, es ist eine Welt. Die antike, vorchristliche Welt, die völlig unbeschädigt an der Oberfläche der modernen Welt daliegt.«[31]

Nach Auffassung von Malaparte war Neapel eine heidnische Stadt mit einem alten, archaischen Verständnis von Zeit. Das Christentum lehrte jene, die sich zu ihm bekannten, die Zeit als die Entfaltung einer einzigen, einer bestimmten Geschichte zu betrachten – eines moralischen Dramas von Sünde und Erlösung. In der alten Welt dagegen gab es keinen derartigen Heilsplan – nur eine Vielzahl von Geschichten, die immer wieder erzählt wurden. Als Bewohner dieser alten Welt erwarteten die Neapolitaner keine grundlegende Veränderung der menschlichen Belange. Da sie die christliche Erlösungsgeschichte nicht akzeptiert hatten, erlagen sie auch nicht der Verführung durch den Fortschrittsmythos. Da sie niemals die Zivilisation als dauerhaft betrachtet hatten, waren sie auch nicht überrascht, als sie zusammenbrach.

Wenn wir ihm Glauben schenken dürfen, erzeugte der Anblick von Neapel bei Malaparte nicht jene Art von Melancholie, die Lewis erfasste. Vielmehr stärkte und belebte ihn das Schauspiel. In seinem Werk *Kaputt,* einem halbfiktionalen Bericht über seine Reisen in dem von den deutschen Truppen besetzten Europa, das 1944 erschien, schrieb Malaparte:

> Nie hatte ich mich diesem Volke so nahe gefühlt. Ich, der ich mich bisher in Neapel stets als Fremder empfunden hatte; mich dieser Menschenmenge nie so nahe gefühlt, hatte sie bis zu diesem Tage als anders, fern und fremd empfunden: Ich war von Staub und Schweiß bedeckt, meine Uniform war zerrissen, ich selbst unrasiert, Hände und Gesicht klebrig und beschmutzt; ich war erst vor einigen Stunden dem Gefängnis entronnen, und jetzt endlich fand ich in dieser Menschenmenge etwas menschliche Wärme, menschliche Empfindungen, ein Gefühl menschlicher Zusammengehörigkeit, einen Zustand des Elends von derselben Natur wie der meine, ein Leid von derselben moralischen Natur wie das meine, doch größer, tiefer, echter vielleicht und älter als das meine. Ein Leid, welches seine Dauer von Urzeiten her, welches Fatalismus und geheimnisvolle Natur geweiht hatten, und demgegenüber mein eigenes Leid nur menschlich und neu war, ohne tiefe Wurzeln in hinter mir liegenden Jahrhunderten. Ein Leid ohne Verzweiflung, ein Leid, das von einer großen, schönen

Hoffnung erhellt wurde und vor dem meine eigene arme kleine Verzweiflung nichts war als ein engherziges Empfinden, das mich beschämte und bedrückte.[32]

Wenn Malapartes Leid gering war im Vergleich zu jenem der Neapolitaner, lag der Grund vielleicht darin, dass er sich bemühte, nicht auf dieselbe Art zu leiden wie sie. In *Kaputt* beschreibt er sich selbst als Abtrünnigen, der über seine deutschen Gastgeber spottet, während er in den verschiedenen Ländern Europas mit ihnen trinkt und speist. Tatsächlich war Malaparte, launenhaft und heimtückisch, stets bereit, die Seiten zu wechseln auf der Suche nach jenen Empfindungen, die er besonders schätzte. Er gehörte zu den wenigen Kriegsberichterstattern, die im Sommer 1941 nach dem Beginn des deutschen Einmarsches in die Sowjetunion an die Ostfront fahren durften, und er nutzte diese Möglichkeit, weil er den Krieg als das vollkommenste ästhetische Erlebnis betrachtete. Nicht immer jedoch lässt sich eindeutig klären, was er tatsächlich erlebte und was er später erfand.

Bisweilen erscheinen Malapartes Reportagen eine Spur reißerisch und absichtlich ausgeschmückt. In *Kaputt* erzählt er von einem zugefrorenen See in den Weiten Finnlands, in dem Hunderte Pferde umgekommen und festgefroren waren: »Der See war wie eine unendliche weiße Marmorplatte, auf welche Hunderte und aber Hunderte von Pferdeköpfen gestellt waren. Sie sahen aus wie durch den scharfen Schnitt einer Henkerklinge abgetrennt. Nichts als die Köpfe schaute aus der Eiskruste hervor. Alle Köpfe waren dem Ufer zugewandt. In den weitgeöffneten Augen stand noch die weiße Flamme des Entsetzens. Nahe dem Ufer ragte ein Gewirr aufgebäumter Pferde aus dem Eisgefängnis herauf.«[33] Es ist nicht bekannt, ob Malaparte jemals etwas gesehen hat, was dieser Szene ähnelte. Waren diese Szenen surreale Versionen tatsächlicher Ereignisse? Oder berichtete er von Halluzinationen, die er erlebt hatte? Klar ist allerdings, dass er genau dergleichen an der Front zu sehen hoffte.

Meist waren Malapartes Berichte von der Front realistisch, präzise und manchmal auch vorausblickend. Als er vorhersagte, der Krieg gegen die Sowjetunion werde langwierig und sein Ausgang würde ungewiss sein, wiesen ihn die Deutschen aus; von Mussolini wurde er unter Hausarrest gestellt.

Malaparte behauptete einmal, er lebe gerne in Wäldern. Das stimmte wahrscheinlich nicht ganz – ein anderes Mal behauptete er, er würde sich am wohlsten fühlen, wenn er in luxuriösen Hotels ausspannte –, doch in seinen Beteuerungen lag stets etwas Echtes, ein Gefühl des Selbstekels. Im Wald, so schrieb er, würde der Mensch zu einem unverfälschteren, authentischeren Menschen werden:

> Als ich ... den unendlichen Wald betrat, mußte ich mir klarmachen, daß nichts die Menschen so sehr einander zu Feinden macht, nichts so sehr den einen gegen den anderen aufbringt und sie gegeneinander schleudert, nichts sie so hart und unerbittlich macht wie diese übermenschliche Gewalt des Waldes. Der Mensch findet im Wald seine Urinstinkte wieder. Seine tiefsten raubtierhaften Regungen drängen an die Oberfläche, zerbrechen das feine Netz der Nerven, scheinen außerhalb des Lacks der Formen, der Sitten, der Vorurteile, in ihrer prachtvollen und trostlosen Jungfräulichkeit.[34]

Malaparte liebte die Wildnis vor allem, weil sie ihm zu vergessen half, dass auch er selbst ein moderner Mensch jenes Typs war, den er verachtete. Die alten Heiden hatten keine Vorstellung davon, dass die Menschheit durch die Zivilisation verdorben worden war. Sie wussten, dass nach einem Zusammenbruch der Zivilisation nur Barbarei entstehen kann, eine Krankheit der Zivilisation. Es gibt nicht zwei Arten von Menschen, wilde und zivilisierte. Es gibt nur das menschliche Tier, das ewig im Kampf mit sich selbst steht.

Nach dem Krieg wandte sich Malaparte der politischen Linken zu; er betrachtete nach eigenem Bekunden den Maoismus als eine Kraft der geistigen Erneuerung, und kurz vor seinem Tod plante er noch eine Reise nach China. In den letzten Tagen seines Lebens wurde er wieder in die katholische Kirche aufgenommen und ungefähr zur selben Zeit auch in die Kommunistische Partei Italiens. Rückte er aus eigener Einsicht vom heidnischen Ästhetizismus ab, als seine Vitalität schwand? Oder war seine doppelte Konversion gerade ein Beweis seines Heidentums, eine Ehrbezeugung gegenüber lokalen Kulten in letzter Minute? Wie die Antwort auch ausfallen mag, Malaparte hatte anscheinend einen Zustand erreicht, in dem er mit sich selbst im Reinen war.

Unsichtbare Tinte, geschundene Haut und weiße Ameisen

Arthur Koestlers Darstellung des Lebenslaufs seines Hauptprotagonisten in seinem Roman *Sonnenfinsternis* (1940) weist viele Ähnlichkeiten mit seinem eigenen Leben auf. Der Kommunist Rubaschow, der wegen angeblicher konterrevolutionärer Verbrechen gegen den sowjetischen Staat, an dessen Aufbau er mitgewirkt hat, zum Tode verurteilt wird, hat in der Zelle, in er der auf seine Hinrichtung wartet, ein mystisches Erlebnis, bei dem das Wissen, dass er sterben muss, keine Rolle mehr spielt. Arthur Koestler hatte im spanischen Bürgerkrieg selbst Ähnliches erlebt, als er von Truppen Francos gefangen genommen und als kommunistischer Spion zum Tode verurteilt wurde. Wie sich seine Weltsicht veränderte, beschreibt Koestler mit der Aussage, »daß ich in meiner Jugend die Welt für ein offenes Buch hielt, in der Sprache physikalischer Gleichungen und sozialer Determinanten, während sie mir jetzt wie ein in Geheimschrift geschriebener Text erscheint«.[35]

Koestler war überzeugt, er hätte einen Text erblickt, den man nicht lesen konnte, dessen Bedeutung sich nicht in Worte fassen ließ. Für den Autor wie auch sein fiktives Alter Ego hatte dies zur Folge, sich von der Sicherheit verabschieden zu müssen, nur die materielle Welt sei real. Rubaschow wird am Ende des Romans hingerichtet. Koestler dagegen kam frei, wurde gegen einen Gefangenen der republikanischen Truppen ausgetauscht und bemühte sich den Rest seines Lebens, zu verstehen und zu verarbeiten, was er in der Gefängniszelle gesehen hatte.

Seinen 1954 veröffentlichten Lebenserinnerungen, in denen Koestler von diesem mystischen Erlebnis berichtete, gab er den Titel *Die Geheimschrift*. Das Buch legt Zeugnis ab von Koestlers Entdeckung, »daß es eine höhere Ordnung der Realität gibt und daß diese höhere Ordnung allein dem Sein seinen Sinn verleiht«.[36] Selbst als sich diese Einsicht verflüchtigte, hinterließ sie eine bleibende Erfahrung,

> einen wortlosen Niederschlag, einen Hauch von Ewigkeit, ein Schwingen des Pfeils im Blauen ... Ich muß so einige Minuten verzaubert dagestanden haben, in dem wortlosen Bewußtsein: »das ist vollkommen – das ist vollkommen – vollkommen.« Dann gewahrte ich ein leichtes geistiges Mißbehagen im Hintergrund meiner Gedanken – ein triviealer Umstand störte die Vollkommenheit des Augenblicks; ich war ja im Gefängnis, und man würde mich wahrscheinlich erschießen. Aber gleich darauf stellte sich ein Gefühl ein, das, in Worte übersetzt, lauten würde: »Und

wenn schon! Ernstere Sorgen hast du nicht?« – ein Gefühl, so spontan, so frisch und amüsiert, als ob die vorübergehende Verstimmung durch den Verlust eines Kragenknopfes verursacht worden wäre. Dann wurde mir, als glitte ich, auf dem Rücken liegend, in einem Fluß des Friedens unter Brücken des Schweigens. Ich kam von nirgendwo und trieb nirgendwo hin. Dann war weder der Fluß mehr noch ich da. Das Ich hatte aufgehört zu sein.[37]

Dass Koestler Anfang der 1930er Jahre Agent der Komintern wurde, der 1919 in Moskau gegründeten Kommunistischen Internationalen, eines von der UdSSR beherrschten Zusammenschlusses kommunistischer Parteien, hatte zum Teil auch mit seiner Suche nach einer geistigen Ordnung zu tun. Er war zur Erkenntnis gelangt – zur Erkenntnis der Wahrheit –, und ihm hatte sich gewissermaßen ein grundlegendes Muster enthüllt. Die Lektüre von Lenins Schrift *Staat und Revolution* »löste in mir die seit langem fällige geistige Explosion aus. Der Ausdruck, es sei einem ›plötzlich ein Licht aufgegangen‹, ist eine armselige Bezeichnung für das geistige Entzücken, das dem Bekehrten widerfährt ... Das neue Licht scheint von allen Seiten in die Schädelhöhle einzudringen; die verwirrende Fülle der Erscheinungen nimmt plötzlich eine fassbare Gestalt an, als hätte ein Zauberstab die verstreuten Mosaikstücke mit einem Schlag zusammengefügt«.[38] Die Suche nach einem grundlegenden Muster, einer Ordnung hinter den Ereignissen, hatte ihn zum Marxismus-Leninismus geführt, der den Anspruch erhob, die der Geschichte zugrunde liegende Logik entdeckt zu haben. Nachdem sie diese höhere Ordnung erkannt hatten, fühlten sich Koestler und seine kommunistischen Genossen verpflichtet, ihr gemäß zu handeln.

Im Auftrag der Komintern reiste Koestler 1932/1933 als Journalist in die Ukraine, als dort eine große Hungersnot herrschte, die zwischen vier und acht Millionen Bauern das Leben kostete (die genaue Opferzahl lässt sich nicht ermitteln) und durch die Beschlagnahmung der Getreideernte für den Export verursacht worden war. Er nahm die katastrophalen Zustände wahr, bestritt aber in seinen Berichten, es mangle an Nahrungsmitteln; lediglich einige reiche Bauern kämen zu Schaden, schrieb er. Bisweilen nahm seine Skrupellosigkeit auch persönlichere Züge an. Während seiner Reisen in der Sowjetunion hatte er eine Affäre mit einer attraktiven jungen Frau, einer »ehemaligen Person« der alten Oberschicht, die er anschließend bei der Geheimpolizei denunzierte. Später empfand er deswegen Reue, doch zu dieser Zeit spielte das Schicksal eines Individuums für ihn keine Rolle – selbst wenn er selbst dieses Individuum war.

Rubaschow, der sein Leben einem Muster der Geschichte gewidmet hatte, endete als ein Opfer der Geschichte. Auch Koestler widmete einen Teil seines Lebens einem Muster der Geschichte, stieß dabei jedoch auf eines, das nicht geschichtlich war, sondern außerhalb der Zeit bestand. Dass Chaos das letzte Wort sein könnte, akzeptierte er anscheinend nie. Die Welt musste rational sein, selbst wenn ihre Logik vom menschlichen Verstand nicht zu erfassen war.

Koestler war besessen von der Suche nach einer umfassenden Lösung, und es lässt sich leicht die Schlussfolgerung ziehen, er wäre besser beraten gewesen, sich für sukzessive Verbesserungen einzusetzen. Doch diese Anschuldigung, die von Generationen selbstgefälliger Liberaler erhoben wurde, zeigt deren Unfähigkeit, zu begreifen, mit welcher Situation Koestler zu kämpfen hatte. Liberale Humanisten glauben, die Menschheit schreite in Stufen zu einer besseren Welt voran, langsam, Schritt für Schritt – mag auch ein irdisches Paradies unerreichbar erscheinen, so sind doch langsame, schrittweise Verbesserungen immer möglich. Diese Philosophie – bisweilen Meliorismus genannt – wird als Widersacher jeglicher Art von Utopismus dargestellt. Doch im Europa der Zwischenkriegszeit war schon die Vorstellung graduellen Fortschritts wahrhaft utopisch.

Das Gefühl, die Welt taumle ins Chaos, prägte Koestlers Generation. 1905 als Kind einer wohlhabenden, hochkultivierten jüdischen Familie geboren, erlebte Koestler den Zusammenbruch der bürgerlichen Kultur Europas. Er betrachtete sich als einen Todfeind der Bourgeoisie – und somit als Kommunist. In gewisser Weise wandte er sich dem Kommunismus zu, um das bürgerliche Leben in einer stabileren, dauerhafteren Form zu erneuern. Mit dem Chaos des Europa der Zwischenkriegszeit konfrontiert, ersetzte er die Illusion eines schrittweisen Fortschritts durch den Mythos der revolutionären Umwälzung. Es dauerte nicht lange, dann erkannte er, dass auch dieser eine Illusion war.

In seinem Werk *Abschaum der Erde* (1941) schildert Koestler, wie er nach Frankreich zurückkehrte, nachdem er in Spanien aus dem Gefängnis freigelassen worden war. Bei Ausbruch des Krieges wurde er dort in einem Lager interniert. Nach seiner Freilassung begegnete er zufällig einem alten Freund, dem Schriftsteller Walter Benjamin, der ihm die Hälfte seiner Morphiumtabletten für den Fall überließ, dass er von den Nazis aufgegriffen werden würde. Benjamin, der seine Flucht vorbereitete, schlug sich zu Fuß über die französische Grenze nach Spanien durch, wo er verhaftet wurde und mit den verbliebenen Tabletten seinem Leben ein Ende setzte. Auch Koestler erwog mehrmals ernsthaft, sich umzubringen, und schluckte auch einmal ein paar von Benjamins Tabletten, doch er entging dem Tod teilweise durch Zufall und teilweise dank seines Einfallsreichtums. Er schloss sich der französischen Fremdenlegion an, desertierte und gelangte schließlich über Nordafrika und Lissabon im November 1940 nach Großbritannien.[39]

Abschaum der Erde ist eine sachliche Darstellung des Zerfalls der französischen Gesellschaft unter der deutschen Besatzung, doch zugleich eine Übung in Selbsterforschung. Als er aus der Nähe den Untergang Frankreichs miterlebte, brach Koestler mit den Überzeugungen, die ihn in seinem bisherigen Leben geleitet hatten. Er hatte die Auffassung vertreten, die Menschheit sehne sich nach Freiheit. Nun aber nahm er an, Menschen seien unheilbar irrational: »Vielleicht sind es nicht Demagogie und Lüge, die Hitlers Genie ausmachen, sondern seine völlig irrationale Annäherung an die Massen; der Appell an das prälogische, totemistische Bewußtsein«.[40]

Auf der Suche nach einer Allegorie, die sich für den Zusammenbruch Frankreichs eignete, wurde Koestler in der Welt der Insekten fündig. Er berichtet, dass er gerade das *Leben der Termiten* (1926) des belgischen Autors Maurice Maeterlinck las, eine Studie über die weiße Ameise, als er von der Evakuierung Sedans erfuhr, wo französische und britische Truppen den Vormarsch der Deutschen aufgehalten hatten. »Alle diese Verwüstungen«, hatte Maeterlinck geschrieben,

> gehen vor sich, ohne daß man ein lebendes Wesen dabei erblickt, denn diese blinden Insekten verrichten ihre Aufgabe so, daß sie nicht gesehen werden. Die Arbeit wird in aller Stille ausgeführt, und nur ein geübtes Ohr vernimmt in der Nacht das Geräusch der Millionen Käfer, die das Gebälk des Hauses aufzehren und seinen Zusammenbruch vorbereiten ... Ein Pflanzer kehrt nach fünf- bis sechstägiger Abwesenheit wieder heim. Alles ist in Ordnung, nichts scheint verändert. Er setzt sich auf einen Stuhl, der Stuhl bricht ein; er hält sich an einem Tisch fest, der Tisch fällt zusammen; er stützt sich an einen Tragpfeiler, der Tragpfeiler stürzt ein und reißt das Dach in einer Staubwolke mit sich.[41]

Koestlers Erfahrung des französischen Zusammenbruchs war jener des Pflanzers beim Betreten seines Hauses vergleichbar. »In diesem Moment sackte der Boden unter meinen Füßen endgültig weg. Was danach kam, war nur noch ein Herumirren und -taumeln in einem einstürzenden Haus, in dem alles, was man berührte, zu Staub zerfiel«.[42]

Koestler erkannte eine Wahrheit, die liberale Melioristen gerne verdrängen: Gradueller Fortschritt ist oftmals nicht möglich. Als die Illusion schrittweiser Verbesserungen durch die Ereignisse zerschlagen worden war, gelangte er – wie auch viele seiner Zeitgenossen – zu der Auffassung, Katastrophen gehörten notwendig zum menschlichen Fortschritt. Hungersnöte und Bürgerkriege, Massenmorde und grausame Diktaturen waren Phasen, die man durchlaufen musste auf dem Weg zu einer Welt, die besser war als die zuvor existierende.

Diese Arbeitshypothese besaß einige Vorteile. Die erbitterten Konflikte im Europa der Zwischenkriegszeit konnten nun als eine notwendige Übergangsphase aufgefasst werden, aus der eine neue Weltordnung hervorgehen würde. Doch wie Koestler bald feststellen sollte, war jenes Projekt, das seinen Glauben verkörperte – das sowjetische Experiment –, nur eine weitere Katastrophe. Millionen Menschen wurden bei lebendigem Leibe gehäutet, so dass ihren blutenden Körpern eine neue Haut aufgenäht werden konnte. Viele, die diesem Experiment unterzogen wurden, verloren ihr Leben, während jene, die davonkamen, mit ihrem alten, narbenbedeckten menschlichen Fleisch weiterlebten. Doch als er für die Sache der Sowjetunion focht, erlag Koestler nicht dem hochfliegenden liberalen Ideal einer rationalen Verbesserung. Sein Handeln beruhte auf einer Einschätzung der Situation in Europa, die vollkommen realitätsbezogen war.

Die größtmögliche Katastrophe, ein von den Nationalsozialisten beherrschtes Europa, konnte abgewendet werden, doch

Koestler fand nicht zurück zum liberalen Glauben an den graduellen Fortschritt. Vielmehr wandte er sich ganz von der Politik ab. In seinen späteren Lebensjahren beschäftigte er sich mit dem Studium der Parapsychologie sowie mit Forschungen auf Gebieten jenseits der orthodoxen Wissenschaften; er hoffte, hierdurch eine wissenschaftliche Bestätigung für das zu finden, was er in der Gefängniszelle gesehen hatte. Aber seine Suche blieb erfolglos. Er erkrankte an Leukämie und an Parkinson und schied 1983 zusammen mit seiner Ehefrau durch Suizid aus dem Leben.

Koestlers Abschweifungen in den Mystizismus und die Parapsychologie lassen sich leicht als Phantasien abtun. Bestenfalls kann man sie als interessante Spekulationen bezeichnen. Doch sie sind nicht so phantastisch wie die Vorstellung, die Menschheit steige langsam auf eine höhere zivilisatorische Stufe empor.

Die Kapuzinergruft

In seiner Autobiographie *Die Welt von Gestern* (1942) beschrieb der Schriftsteller Stefan Zweig das Habsburgerreich, in dem er aufgewachsen war, als eine »Welt der Sicherheit«:

> Alles in unserer fast tausendjährigen österreichischen Monarchie schien auf Dauer gegründet und der Staat selbst der oberste Garant dieser Beständigkeit ... Unsere Währung, die österreichische Krone, lief in blanken Goldstücken um und verbürgte damit ihre Unwandelbarkeit. Jeder wußte, wieviel er besaß oder wieviel ihm zukam, was erlaubt und was verboten war ... Alles stand in diesem weiten Reiche fest und unverrückbar an seiner Stelle und an der höchsten der greise Kaiser; aber sollte er sterben, so wußte

> man (oder meinte man), würde ein anderer kommen und nichts sich ändern in der wohlberechneten Ordnung. Niemand glaubte an Kriege, an Revolutionen und Umstürze. Alles Radikale, alles Gewaltsame schien bereits unmöglich in einem Zeitalter der Vernunft.[43]

Zweig blendet in seiner Sicht der Dinge zwar einiges aus, was im weitgespannten Habsburgerreich fragwürdig und unsicher war. Doch all das, was er beschrieb, gab es auch tatsächlich – bis der Erste Weltkrieg dem ein Ende setzte. In weiten Teilen Europas rangen rivalisierende Armeen der Besitzlosen um die Macht, in einem Kampf, der bald zu einem Kampf auf Leben oder Tod wurde. Mit tatkräftiger Unterstützung durch Woodrow Wilson, den amerikanischen Propagandisten der nationalen Selbstbestimmung, der auf der Friedenskonferenz von Versailles den Untergang der Habsburgerordnung besiegelte, wurde Europa zu einem Schlachtfeld unterschiedlicher ethnischer Gruppen. Die Mittelschichten wurden in den Ruin getrieben, als das wirtschaftliche Pendel von der Inflation zur Deflation ausschlug und schließlich zur Hyperinflation, während die Arbeiterschaft unter Massenarbeitslosigkeit litt. Die Politik zersplitterte sich in extremistische Teile, kommunistische und faschistische Bewegungen bekämpften die Demokratie, und die gemäßigten Parteien waren zu schwach, um ihren Platz in der Mitte zu behaupten.

Die alte Ordnung hatte sich aufgelöst, und es gab nichts, das an ihre Stelle treten konnte. Nicht nur die Interessen und die Ziele der sozialen und der ethnischen Gruppen befanden sich miteinander im Konflikt. Auch die Ideale und die Wertorientierungen standen einander unversöhnlich gegenüber. Unter diesen Umständen war die Vorstellung einer allmählichen Verbesserung der Verhältnisse nichts als ein utopischer Traum. Ein Fortschritt der Zivilisation erscheint nur möglich in einer Phase des Zwischenspiels, wenn sich die Geschichte in Müßiggang ergeht.

In seiner Novelle *Die Kapuzinergruft,* die 1938 veröffentlicht wurde, erfasste Joseph Roth mit der Beschreibung einer Bahnstation im Sommer 1914 eines dieser letzten Zwischenspiele, das er noch selbst erlebte:

> Der Bahnhof war winzig ... Alle Bahnhöfe der alten österreichisch-ungarischen Monarchie gleichen einander, die kleinen Bahnhöfe in allen Provinzorten. Gelb und winzig, waren sie trägen Katzen ähnlich, die winters im Schnee, sommers in der Sonne lagern, gleichsam beschützt von dem überlieferten kristallenen Glasdach des Perrons und überwacht von dem schwarzen Doppeladler auf gelbem Hintergrund. Überall, in Sipolje wie in Zlotograd, war der Portier der gleiche, der gleiche Portier mit dem erhabenen Bauch, der dunkelblauen, friedfertigen Uniform, dem schwarzen Riemen quer über der Brust, dem Riemen, in dem die Glocke steckte, die Mutter jenes seligen, dreimaligen, vorschriftsmäßigen Klingelns, das die Abfahrt ankündigte; auch in Zlotograd, wie in Sipolje, hing am Perron, über dem Eingang zum Büro des Stationsvorstehers, jenes schwarze, eiserne Instrument, aus dem wunderbarerweise das ferne, silberne Klingeln des fernen Telefons kam, Signale, zart und lieblich, aus anderen Welten, so daß man sich wunderte, daß sie Zuflucht gefunden hatten in einem so schweren, wenn auch kleinen Gehäuse; auf der Station in Zlotograd, wie auf der in Sipolje, salutierte der Portier den Ankommenden und den Abreisenden, und sein Salutieren war wie eine Art militärischen Segens.[44]

Diese Welt verschwand mit dem Ersten Weltkrieg und dessen Nachwirkungen. Der Auslöser der Katastrophe war ein Attentat, das sehr leicht auch nicht hätte stattfinden können. Der serbische Nationalist Gavrilo Princip, der am 28. Juni 1914 in Sarajewo den österreichischen Thronfolger Erzherzog Franz Ferdinand erschoss, gehörte einer Gruppe an, die an diesem Tag bereits um zehn Uhr vormittags einen Bombenanschlag auf den Erzherzog zu verüben versucht hatte. Dieser Anschlag scheiterte, Franz Ferdinand änderte die geplante Route, dann setzte der Autokonvoi seine Fahrt fort. Nach dem Empfang im Rathaus bestieg Franz Ferdinand abermals sein Auto, das zusammen mit anderen Fahrzeugen losfuhr. Doch der Chauffeur bog in eine falsche Seitenstraße ab und der Wagen kam zum Stehen, als der Fahrer zu wenden versuchte; dies ermöglichte es Princip, der sich nach dem gescheiterten Bombenanschlag in ein Feinkostgeschäft geflüchtet hatte und sich unter den Zuschauern befand, aus kürzester Distanz auf den Erzherzog zu schießen. Hätte der Chauffeur nicht diese falsche Abzweigung gewählt, hätte der Wagen nicht angehalten oder wäre Princip woandershin gelaufen, hätte das Attentat nicht stattgefunden. Doch dann nahmen die weiteren Ereignisse ihren Lauf.

Betrachtet man das Habsburgerreich unter dem Blickwinkel des Europa der 1930er Jahre, wird offenkundig, dass Roths Panorama eindrucksvoll durch seine Erinnerungen gestaltet wurde. Dennoch ist es zutreffend, dass die Welt, deren Untergang er betrauerte, noch frei war von den schlimmsten menschlichen Makeln, die in der nachfolgenden Welt in Erscheinung treten sollten. Das Habsburgerreich war kein moderner Staat, auch nicht während der rund sechzigjährigen Herrschaft des letzten Kaisers Franz Joseph, in der die Errungenschaften der modernen Technologie, wie die Eisenbahn und die Telegrafie, im Reich Einzug hielten. In der brüchigen Ordnung von Franz Joseph wurden alte Übel, die in moderneren Staaten wiederaufleben, die eine bessere Welt zu erschaffen suchen, in gewissem Maße eingedämmt. Die Folter war 1776 von Kaiserin Maria Theresia abgeschafft worden. Engstirnigkeit und Hass gab es allerdings nach wie vor – in Wien beispielsweise regierte um die Jahrhundertwende ein offen antisemitischer Bürgermeister. Das Fehlen demokratischer Strukturen im Habsburgersystem wirkte jedoch als eine Barriere gegen das Aufkommen fremdenfeindlicher Massenbewegungen, die sich später überall in Europa ausbreiten sollten. Die Bewohner dieses Reiches waren Untertanen, keine Staatsbürger – ein Status, der sie des Vergnügens beraubte, Hass durch den Verweis auf die Ideale der Selbstbestimmung rechtfertigen zu können. Erst mit dem Kampf um nationale Selbstbestimmung entwickelte sich die Vorstellung, dass jeder Mensch einer Gruppe angehören müsse, die sich durch ihren Gegensatz zu anderen definierte.

Roth analysierte diesen Prozess in seiner Erzählung *Die Büste des Kaisers* (1935). Einige Jahre vor Ausbruch des zweiten großen Krieges schrieb er:

> Um jene Zeit begann nämlich in der Monarchie die »Nationalitätenfrage« heftig zu werden. Alle Leute bekannten sich – ob sie wollten oder so tun mußten, als wollten sie – zu irgendeiner der vielen Nationen, die es auf dem Gebiete der alten Monarchie gab. Man hatte im neunzehnten Jahrhundert bekanntlich entdeckt, daß jedes Individuum einer bestimmten Nation oder Rasse angehören müsse, wollte es wirklich als bürgerliches Individuum anerkannt werden … Und all die Menschen, die niemals etwas anderes gewesen waren als Österreicher, in Tarnopol, in Sarajevo, in Wien, in Brünn, in Prag, in Czernowitz, in Oderburg, in Troppau, niemals etwas anderes als Österreicher: sie begannen nun, der »Forderung der Zeit« gehorchend, sich zur polnischen, tschechischen, ukrainischen, deutschen,

rumänischen, slowenischen, kroatischen »Nation« zu bekennen – und so weiter.[45]

Der Zusammenbruch der Habsburgermonarchie ermöglichte es diesen neugeschaffenen Volksgruppen, im nachfolgenden Kampf um Land und Macht den ihnen gebührenden Platz einzunehmen. Wie Roth vorhergesehen hatte, wurden die archaischen Insignien des Reiches durch die modernen Embleme von Blut und Boden ersetzt.

Ursprünglich ein Fortschrittlicher, der erwartungsvoll in die Zukunft blickte, wurde Roth gegen Ende seines Lebens ein Reaktionär, der auf Franz Josephs Reich liebevoll zurückschaute. Er wusste, dass seine Sehnsucht nach der Vergangenheit vergeblich war. Die alte Monarchie war durch den Ersten Weltkrieg und die Macht der modernen Ideale zerstört worden. Wie konnte jemand, der an den Fortschritt glaubte, eine Form von Autorität akzeptieren, die auf den Zufällen der Geschichte beruhte? Grausam und unerbittlich war der Machtkampf, der nach dem Verschwinden der alten Ordnung des Reiches ausbrach.

Neben der Bildung von Nationen gab es noch das »Problem der nationalen Minderheiten«. Ethnische Säuberungen – die Vertreibung und zwangsweise Umsiedelung dieser Minderheiten – waren integraler Bestandteil beim Aufbau der Demokratie in Mittel- und Osteuropa. Fortschrittliche Denker betrachteten diesen Prozess als eine Phase auf dem Weg zu universeller Selbstbestimmung. Roth hegte keine derartigen Illusionen. Er wusste, dass dies in Massenmord enden würde. In einem Brief an Stefan Zweig warnte er 1933: »Inzwischen wird es Ihnen klar sein, daß wir großen Katastrophen zutreiben ... führt das Ganze zu neuem Krieg. Ich gebe keinen Heller mehr für unser Leben. Es ist gelungen, die Barbarei regieren zu lassen.«[46]

Joseph Roth entkam dem Schicksal, das er für sich und andere vorhergesehen hatte. Er verließ Deutschland, wo er für die liberale *Frankfurter Zeitung* geschrieben hatte, und ging nach Paris, wo er einige seiner besten Romane, Erzählungen und journalistischen Arbeiten hervorbrachte. Dort starb er 1939 an Leberzirrhose. Bei seiner Beerdigung standen ein Vertreter der Habsburgerdynastie und ein Abgesandter der Kommunistischen Partei einträchtig an seinem Grab, an dem jüdische und katholische Gebete gesprochen wurden. Stefan Zweig lebte noch etwas länger, emigrierte 1934 aus Österreich, verbrachte einige Jahre in Großbritannien und den USA und übersiedelte 1941 nach Brasilien. Im darauf folgenden Jahr schied er dort zusammen mit seiner Ehefrau aus dem Leben, nur wenige Tage, nachdem er *Die Welt von Gestern* abgeschlossen und das Manuskript an seinen Verleger geschickt hatte.

Zwei und zwei macht fünf

Als Winston Smith in George Orwells Roman *Neunzehnhundertvierundachtzig* gefoltert wird, hält der Vernehmungsbeamte O'Brien vier Finger in die Höhe und verlangt von Smith, ihm nach seiner ehrlichen Überzeugung zu bestätigen, dass es fünf Finger sind. O'Brien will sich nicht mit einer Lüge zufriedengeben, die unter Druck erzwungen wurde. Er möchte, dass Smith fünf Finger *sieht*. Es ist ein langwieriges und quälendes Verhör:

> »Sie sind langsam im Lernen, Winston«, sagte O'Brien sanft. »Was kann ich dagegen machen?«, stieß er unter Schluchzen hervor. »Was kann ich dagegen machen, daß ich sehe, was ich vor Augen habe? Zwei und zwei macht vier.«

»Manchmal, Winston. Manchmal macht es fünf. Manchmal drei. Sie müssen sich mehr Mühe geben. Es ist nicht leicht, vernünftig zu werden.«[47]

Smith wird einer weiteren Folter unterzogen – die jedoch keine Bestrafung sein soll, wie O'Brien beteuert. In früheren Zeiten zwang die Inquisition die Gefolterten, zu gestehen; doch den Geständnissen wurde nicht geglaubt, weder von jenen, die sie erzwungen, noch von jenen, die sie abgelegt hatten, oder von anderen. Im Laufe der Zeit begann man die Gefolterten als Märtyrer zu verehren und die Folterer wurden als Tyrannen verachtet. O'Brien erzählt Winston von den Fortschritten, die seit dieser Zeit erzielt wurden:

»Wir begehen keine solchen Fehler. Alle Geständnisse, die hier abgelegt werden, sind echt. Wir machen sie echt. Und vor allem lassen wir nicht zu, daß die Toten gegen uns aufstehen. Sie müssen aufhören, sich einzubilden, die Nachwelt werde Sie rechtfertigen. Die Nachwelt wird nie von Ihnen hören. Sie werden ganz einfach aus dem Lauf der Geschichte gestrichen sein. Wir verwandeln Sie in Gas und lassen Sie in die Stratosphäre verströmen. Nichts von Ihnen wird übrigbleiben; kein Name in einem Verzeichnis, keine Erinnerung in einem lebenden Gehirn. Sie werden sowohl aus der Vergangenheit wie aus der Zukunft gestrichen. Sie werden überhaupt nie existiert haben.«[48]

Smith muss fünf Finger sehen, wann immer man das von ihm verlangt, aber er muss es freiwillig tun: »O'Brien lächelte leise. ›Sie sind ein Fehler im Muster. Sie sind ein Fleck, der ausgemerzt werden muß. Habe ich Ihnen nicht soeben gesagt, daß wir anders sind als die Verfolger der Vergangenheit. Wir geben uns nicht zufrieden mit negativem Gehorsam, auch nicht mit der kriecherischsten Unterwerfung. Wenn Sie sich uns am Schluß beugen, so muß es freiwillig geschehen.‹«[49] Winston hatte in sein Tagebuch geschrieben: »Freiheit ist die Freiheit zu sagen, daß zwei und zwei gleich vier ist.« O'Brien möchte, dass Winston akzeptiert, dass zwei und zwei fünf ergibt. Sobald Winston dies als wahr ansieht, wird er gerettet sein.

Der Gedanke, dass Freiheit darin besteht, sagen zu dürfen, dass zwei und zwei gleich vier ist, tauchte in Orwells Schriften schon vor *Neunzehnhundertvierundachtzig* auf. Der Roman erschien 1949, doch in seinem 1942 verfassten Essay »Looking Back on the Spanish War« schrieb Orwell:

> Gemäß der nationalsozialistischen Theorie gibt es »die Wahrheit« nicht. Es gibt auch nicht »die Wissenschaft«. Es gibt nur die »deutsche Wissenschaft«, die »jüdische Wissenschaft« usw. Diese Denkweise zielt darauf, eine Welt zu erschaffen, in welcher der Führer oder die herrschende Gruppe nicht nur Kontrolle über die Zukunft ausübt, sondern auch über die Vergangenheit. Wenn der Führer in Bezug auf ein bestimmtes Ereignis erklärt: »Es hat nie stattgefunden« – nun, dann ist es nie geschehen. Wenn er sagt, dass zwei und zwei fünf ergeben – nun, dann sind zwei und zwei fünf.[50]

Es wurde vermutet, dass Orwell diesen Satz von Hermann Göring entlehnt hat, der angeblich einmal erklärte: »Wenn der Führer es will, dann sind zwei und zwei fünf.« Eine andere Quelle findet sich in einem Buch, das Orwell im Juni 1938 für die Zeitschrift *New English Weekly* rezensierte. In Kapitel 15 von Buch zwei seines Werks *Assignment in Utopia*, das die Überschrift »Two Plus Two Equals Five« trägt, berichtete der Journalist Eugene Lyons von seinem Aufenthalt in der Sowjetunion in den 1930er Jahren:

Die Industrialisierung schritt mit großem Getöse voran und steigerte sich zu Schlachtrufen. Berichte über die Fertigstellung von Bauten, über die Steigerung der Industrieproduktion, die Gründung neuer Kolchosen und Staatsbetriebe verdrängten alle anderen Nachrichten von den Titelseiten. Ständig wurden die Alarmtrommeln gerührt: ein Einbruch an der einen oder anderen ökonomischen Front, ruchlose Sabotageakte, plötzliche Verhaftungen und Erschießungen von Ingenieuren und Verwaltungsbeamten. Nichtsdestotrotz wurden überall die Pläne erfüllt und übererfüllt. Neue Energien und neue Wellen der Begeisterung, aber auch neue Bedrohungen erzielten ihre Wirkung …

Es herrschte ein überbordender Optimismus. Jeder neue statistische Erfolg lieferte eine weitere Rechtfertigung für die politischen Zwangsmaßnahmen, mit denen er erzielt wurde. Jeder Rückschlag war ein Ansporn, mit dieser Politik fortzufahren. Es wurde der Slogan geprägt »Den Fünfjahresplan in vier Jahren verwirklichen«, und die magischen Zahlen »5-in-4« und »2+2=5« wurden im ganzen Land verbreitet.

Die Formel 2+2=5 fesselte sofort meine Aufmerksamkeit. Sie erschien mir zugleich kühn und widersinnig – der Wagemut, die Paradoxie und die tragische Absurdität des sowjetischen Systems, seine mystische Schlichtheit, seine Herausforderung der Logik, all dies wurde reduziert auf eine arithmetische Daumenregel … 2+2=5: Leuchtbuchstaben auf Hauswänden in Moskau, fußgroße Lettern auf Plakaten propagierten einen geplanten Irrtum, einen überspitzten, abartigen Optimismus, etwas kindisch Halsstarriges und verblüffend Phantasievolles …[51]

Sein Realitätssinn, den ihm sein früheres entbehrungsreiches Leben beigebracht hatte, mag dafür verantwortlich sein, dass sich Lyons weigerte, die Zahlenmystik des Fünfjahresplans zu akzeptieren. Eugene Lyons, 1898 in Weißrussland geboren, das damals zum russischen Zarenreich gehörte, wuchs in einem Armenviertel in New York City auf. Nachdem er im Ersten Weltkrieg in der US-Armee gedient hatte, engagierte er sich in der radikalen Gewerkschaftsbewegung und setzte sich für die Anarchisten Sacco und Vanzetti ein, die wegen ihrer Beteiligung an einem bewaffneten Raubüberfall zum Tode verurteilt und hingerichtet wurden, von deren Unschuld Lyons jedoch überzeugt war. Er sympathisierte mit der Kommunistischen Partei der USA und begann für die Tageszeitung *Daily Worker* zu schreiben. Von 1923 bis 1927 arbeitete er für die amtliche sowjetische Nachrichtenagentur TASS, von 1928 bis 1934 war er Auslandskorrespondent der amerikanischen United Press (UP, später UPI) in Moskau, wo ihn Stalin zu einem persönlichen Interview empfing.

Als überzeugter Anhänger des Sowjetsystems beteiligte sich Lyons an einer von der sowjetischen Zensur inszenierten Kampagne gegen den walisischen Journalisten Gareth Jones, einen ehemaligen Privatsekretär des britischen Premierministers Lloyd George, dessen Berichte über Hungersnöte in der Ukraine den sowjetischen Behörden missfielen. Lyons' Darstellung in *Assignment to Utopia* legt die Vermutung nahe, dass es zum Teil pragmatische Gründe waren, die ihn zu diesem Verhalten veranlassten. Wie auch die übrigen ausländischen Korrespondenten fürchtete er, ihm könne sein Visum entzogen werden, wenn er nicht mit der sowjetischen Zensur kooperiere. Dadurch hätte er seiner Zeitung nicht mehr nützlich sein können und wäre mitten in der Weltwirtschaftskrise arbeitslos geworden. Lyons und die übrigen ausländischen Journalisten veröffentlichten eine Reihe von Artikeln, in denen Jones angegriffen wurde, und konnten ihre Tätigkeit fortsetzen. Jones musste die Sowjetunion verlassen und arbeitete künftig im Fernen Osten, wo er 1935 bei einem Raubüberfall getötet wurde, hinter dem einige Beobachter sowjetische Geheimdienstagenten vermuteten.[52]

Zu jener Zeit, als er sich an der Diffamierungskampagne gegen Jones beteiligte, sah auch Lyons die sowjetischen Realitäten schon ebenso klar wie der walisische Journalist. Nur in wenigen Büchern von westlichen Besuchern der Sowjetunion wurden Phänomene erwähnt, die überall im Land zu beobachten waren: die Straßenkinder, die an Bahnhöfen herumlungerten, Millionen Waisen, die der Bürgerkrieg hervorgebracht hatte und die von den Sicherheitsorganen festgenommen und aus dem Weg geschafft wurden, bis schließlich eine neue Generation von Waisen auftauchte, die teilweise durch die Kollektivierung der Landwirtschaft erzeugt worden war; die Bauern, die »in Provinzbahnhöfen von GPU-Posten in Züge getrieben wurden, wie verunsicherte Tiere, die mit leerem Blick ins Leere starrten. Bei diesen schicksalsergebenen, zerlumpten und ausgezehrten Geschöpfen handelte es sich wohl kaum um jene Kulaken [wohlhabende Bauern], die auf den Propagandaplakaten dargestellt wurden. Dass Bauern von Soldaten mit gezogenen Revolvern durch die Straßen getrieben wurden, sogar in Moskau, war ein zu alltägliches Schauspiel, als dass die Menge auf den Gehsteigen es nur gelegentlich zu sehen bekommen hätte.«[53]

Nicht nur die Deportation von Bauern mit vorgehaltener Waffe entging der Aufmerksamkeit westlicher Besucher. Nur wenige von ihnen erwähnten auch jene Spezialgeschäfte, in denen sich Leute mit »Valuta« Dinge kaufen konnten, die für die gewöhnlichen Russen unerreichbar waren. In Verbindung mit diesen Geschäften stand der Begriff »Valuta« für ausländische Devisen oder Einzahlungsscheine, die man durch den Verkauf von Gold erlangen konnte – das einzige Zahlungsmittel, mit dem diese Waren zu erwerben waren, wenngleich die

Preise in Rubel angegeben wurden. Wie Lyons berichtet, hatte der Begriff »Valuta« jedoch auch eine allgemeinere Bedeutung (»reale Werte«), die auf vielfältige Zusammenhänge angewendet wurde: »Valuta-Läden, Valuta-Restaurants, Valuta-Verhaftungen, Valuta-Folter, Valuta-Dirnen: Das waren nur einige Dimensionen dieses unerschöpflichen Wortes.«[54]

Lyons schildert, welche Luxusgüter es in einem dieser Läden in Moskau gab:

> Das Wunder des Weißbrots: knusprige kleine Laibe in einem leuchtenden Haufen auf dem ... Ladentisch. Nicht das sandgraue Brot, das man, zu Rubel-Preisen, in den Rubel-Läden als Weißbrot vorgesetzt bekam, sondern leuchtend echtes Weißbrot. Am anderen Ende des Ladens befand sich die Schmuckabteilung. Die glitzernden Rubine und Diamanten für ausländische Käufer strahlten nicht halb so hell wie die weißen Brotlaibe; Edelsteine funkeln mit einem kalten inneren Glanz, während weiße Brotlaibe ein Prisma sind, das die Faszination in den Augen hungriger Russen spiegelt. Auch Butter gab es und Käse, weichen Wolga-Lachs und große Spannrippen bluttriefenden Fleisches. Doch das weiße Brot stach all dies aus – es war zugleich Substanz und Symbol des Verlangens.[55]

Russen, die Gold besaßen – »Münzen aus der Zarenzeit, Besteck, Schmuck, Eheringe, altes Zahngold« –, brachten es an den Ladentisch, wo sie dafür einen Einzahlungsschein erhielten. Später wurden spezielle Coupons ausgegeben, um den Ablauf zu erleichtern, so dass diese Scheine zu einer eigenen Währung wurden, die dreißig- bis sechzigmal wertvoller war als der sowjetische Rubel.

Für Russen war es nicht ungefährlich, diese Läden aufzusuchen, doch Hunger und Verzweiflung ließen ihnen keine andere Wahl. Die Behörden hatten zwar erklärt, dass keine Identitätsüberprüfungen vorgenommen werden würden, aber dennoch verhaftete die Geheimpolizei Tausende Menschen aufgrund von Informationen, die sie aus diesen Geschäften erhielt. Jeder, bei dem man vermutete, er besäße Gold, wurde routinemäßig gefoltert, obwohl die meisten Menschen, die wertvolle Gegenstände ihr Eigen nannten, diese auf legale Weise erworben hatten. Zu den Foltertechniken gehörten der »Schwitzraum«, der »Läuseraum«, das »Förderband«, die »Kältebehandlung« und andere Methoden. Wenn die Verdächtigen nicht gestanden, dass sie Wertgegenstände besaßen, wurden ihre Kinder der Folter unterzogen – ein Prozess, der sich über längere Zeit erstrecken konnte, wenn die Opfer tatsächlich keine Wertgegenstände hatten. Bei den Gefolterten handelte es sich oft um Juden, denen man unterstellte, Valuta zu besitzen, weil sie manchmal Geldüberweisungen von Verwandten in Amerika erhielten.

Obwohl die Praxis der Valuta-Folter vielen westlichen Korrespondenten bekannt war, erwähnte sie keiner in seinen Berichten. Das wäre eine Aufmüpfigkeit gewesen, die sie ihren Arbeitsplatz gekostet hätte. Eigenartig ist jedoch, dass nur sehr wenige westliche Besucher bemerkten, wie hungrig und verängstigt die gewöhnlichen Russen waren.

Einer der Gründe für die Valuta-Folter war der Rückgang der sowjetischen Exporteinnahmen. Die Sowjetunion wurde in den 1930er Jahren von der Weltwirtschaftskrise ebenso hart getroffen wie die westlichen Länder. Doch bekannte Persönlichkeiten, die wenig zu verlieren hatten, wenn sie offen ihre Meinung kundtaten – wie etwa Bernard Shaw, Lady Astor und andere –, kehrten von Besuchen im Land zurück und berichteten begeistert über soziale Verbesserungen. Als Lyons in die USA zurückkam, war er ein entschiedener Antikommunist und gehörte damit zu einer kleinen Minderheit. Die meisten westlichen Pilger in die Sowjetunion akzeptierten bereitwillig die Pseudo-Realität, die ihnen vorgegaukelt wurde. Besessen von einer Vision des Fortschritts, fiel es ihnen nicht schwer, zu akzeptieren, dass zwei mal zwei fünf ergibt.

O'Brien hatte Winston erklärt, dass die Wirklichkeit eine menschliche Konstruktion ist:

> Sie glauben, Wirklichkeit sei etwas Objektives, äußerlich Vorhandenes, aus eigenem Recht Bestehendes ... Wenn Sie sich der Selbsttäuschung hingeben, etwas zu sehen, nehmen Sie an, jedermann sehe das gleiche wie Sie. Aber ich sage Ihnen, Winston, die Wirklichkeit ist nicht etwas an sich Vorhandenes. Die Wirklichkeit existiert im menschlichen Denken und nirgendwo anders. Nicht im Denken des Einzelnen, der irren kann und auf jeden Fall bald zugrunde geht: nur im Denken der Partei, die kollektiv und unsterblich ist. Was immer die Partei für Wahrheit hält, ist Wahrheit.[56]

O'Brien sagt nicht, dass die Partei die Gesetze der Mathematik missachte. Er sagt, dass die Gesetze der Mathematik den Vorstellungen der Partei entsprechen. Indem sie sich die Welt neu erschaffen kann, wie sie sie haben möchte, kann die Partei für immer herrschen. »Die Partei strebt die Macht lediglich in ihrem eigenen Interesse an«, erklärt er Winston. »Uns ist nichts am Wohl anderer gelegen; uns interessiert einzig und allein die Macht als solche. Nicht Reichtum oder Luxus oder langes Leben oder Glück: nur Macht, reine Macht.« Diese Macht steht über allen anderen Menschen, aber es ist auch eine Macht über die materielle Welt. »Unsere Kontrolle über die Materie ist bereits eine vollkommene ... Es gibt nichts, was wir nicht machen könnten. Unsichtbarkeit, Levitation – alles ... Sie müssen sich von diesen dem neunzehnten Jahrhundert angehörenden Vorstellungen hinsichtlich der Naturgesetze freimachen. Die Naturgesetze machen wir.« In der Welt, die O'Brien erschafft, gibt es nur Macht: »Wenn Sie sich ein Bild von der Zukunft ausmalen wollen, dann stellen Sie sich einen Stiefel vor, der in ein Menschenantlitz tritt – immer und immer wieder.«[57]

In einer eigenartigen Verkehrung ist Orwells Interpretation des Satzes »Zwei und zwei machten fünf« das Gegenteil der Deutung von Dostojewski, in dessen Schriften die Gesetze der Mathematik erstmals zu einer Kritik am Utopismus herangezogen werden. In *Neunzehnhundertvierundachtzig* macht die Formel »Zwei und zwei macht fünf« die Freiheit des Menschen zunichte. In Dostojewskis *Aufzeichnungen aus dem Untergrund* wird die Formel »Zwei mal zwei ist vier« als eine Fessel der Freiheit zurückgewiesen. Der Mann, der im Untergrund lebt, rebelliert gegen den »Kristallpalast« des Rationalismus. Wenn die Menschheit die Gesetze der Natur erkennt und befolgt, so glaubten die fortschrittlichen Denker, könne sie eine Welt ohne Tyrannei schaffen. Doch für den Mann im Untergrund sind diese universalen Gesetze – »steinerne Mauern« nennt er sie – der Felsblock, der den Weg in die Freiheit versperrt: »Herrgott, was gehen aber mich die Gesetze der Natur und der Arithmetik an, wenn mir aus irgendeinem Grunde diese Gesetze und das Zwei-mal-zwei-ist-vier nicht gefallen? Versteht sich, ich werde eine solche Mauer nicht mit dem Kopf einrennen, wenn ich tatsächlich nicht die Kraft dazu habe, aber ich werde mich mit ihr doch nicht aussöhnen, bloß weil es eine Mauer ist und meine Kraft nicht ausreicht.«[58] Da er danach strebt, die Freiheit des Menschen durch die Befolgung der universalen Gesetze zu verwirklichen, möchte der Kristallpalast die Fähigkeit zunichte machen, sich gegen diese Gesetze zu stellen – die grundlegendste aller Freiheiten.

Das Projekt, gegen das Winston revoltiert, ist das Gegenteil dessen, wogegen sich Dostojewskis Mann im Untergrund wendet. Anstatt die Unterwerfung unter die Naturgesetze zu predigen wie die Rationalisten des 19. Jahrhunderts, beansprucht O'Brien die Macht, diese Gesetze selbst zu formulieren. Beide Projekte aber stehen im Dienst derselben infantilen Phantasie: der magischen Allmacht des Denkens. Ob sie in den Begriffen der klassischen Logik bestätigt oder in jenen des romantischen Willens bestritten wird, die Botschaft ist die gleiche: Der menschliche Geist ist der Maßstab der Realität. Im 20. Jahrhundert verschmolzen diese beiden Projekte so weit, dass man sie kaum noch auseinanderhalten konnte. Durch die Behauptung, der menschliche Fortschritt schreite durch die Überwindung der Gegensätze voran, erschuf die dialektische Logik des Marxismus-Leninismus jene arithmetische Magie, deren praktisches Wirken Lyons beobachten konnte.

Im Gegensatz zur Ansicht von Generationen westlicher Fortschrittsfreunde haben nicht die Rückständigkeit Russlands oder eine fehlerhafte Umsetzung des Marxismus jene Gesellschaft hervorgebracht, die Lyons erlebte. Überall, wo man das kommunistische Projekt zu verwirklichen versuchte, entstanden ähnliche Regimes. Russland unter Lenin, China unter Mao, Rumänien unter Ceaușescu und viele weitere Regimes waren Variationen eines einzigen diktatorischen Modells. Aus einer Bewegung, die sich die Verwirklichung universaler Freiheit auf die Fahnen geschrieben hatte, wurde der Kommunismus zu einem System universalen Despotismus. Das ist die Logik der Utopie. Dass *Neunzehnhundertvierundachtzig* ein solch machtvoller Mythos ist, liegt nicht zuletzt daran, dass das Buch diese Wahrheit auf eindrucksvolle Weise erfasst.

Doch Orwells Geschichte hat auch eine gewisse Schwäche, die sich in seiner Darstellung des allmächtigen Vernehmers zeigt. Die Dystopie immerwährender Macht ist eine Phantasie, und für O'Brien gilt das ebenso. Die sowjetischen Folterknechte waren schwitzende Funktionäre, die selbst in ständiger Angst lebten. Wie ihre Opfer wussten sie, dass sie gewissermaßen Material waren, das im Dienste der Macht aufgebraucht werden würde. Es gab keine innere Parteielite, die sich vor den Zufällen der Geschichte sicher fühlen konnte.

Die Realität wurde in der ehemaligen Sowjetunion nicht konstruiert, sondern nur für eine Weile geleugnet. Hinter den Parolen gab es eine tatsächlich existierende Welt, in welcher der Boden und die Gewässer durch die übereilte Industrialisierung vergiftet wurden, in der gewaltige und sinnlose Projekte durchgeführt wurden, die enorme Opfer an Menschenleben forderten, und in der das Leben ein erbitterter Kampf um das Überleben war. Millionen Menschen starben unnötigerweise, das Leben von Abermillionen wurde zerstört, und von den meisten blieb kaum eine Spur, dass es sie gegeben hatte. Doch unter der Oberfläche wirkten starke Strömungen, die im Laufe der Zeit die Pseudo-Realität wegschwemmten, die die Pilger aus dem Westen betörte. Die sowjetische Dystopie endete als ein weiteres Stück Schrott auf dem Müllhaufen der Geschichte.

Was ein Tyrann für Sie tun kann

Der liberale deutsche Journalist Sebastian Haffner, der Hitlers Aufstieg verfolgte, bis er 1938 zusammen mit seiner jüdischen Verlobten nach London fliehen musste, glaubte, das nazistische Deutschland verstehe es bei jenen Menschen, die es nicht terrorisierte oder ermordete, einen Zustand kollektiven Glücks auszulösen. In seinem Buch *Anmerkungen zu Hitler* schrieb er 1979:

> Worin sich das Leben der riesigen Mehrheit von Deutschen, die keine rassisch oder politisch Ausgeschlossenen und Verfolgten waren, im Dritten Reich von dem Leben im vorhitlerischen Deutschland und auch von dem in der Bundesrepublik unterschied, worin es aber dem Leben in der DDR gleicht wie ein Ei dem anderen, das war, daß es sich zum allergrößten Teil in außerfamiliären Gemeinschaften oder Kollektiven abspielte, an denen für die meisten, ob die Mitgliedschaft nun offizieller Zwang war oder nicht, praktisch kein Vorbeikommen war ... Selbstverständlich, die Lieder, die gesungen wurden, und die Reden, die gehalten wurden, waren damals im Dritten Reich andere als heute in der DDR. Aber die Beschäftigungen – das Wandern, Marschieren und Kampieren, das Singen und Feiern, das Basteln, Turnen und Schießen – waren nicht zu unterscheiden, ebensowenig die unleugbaren Geborgenheits-, Kameradschafts- und Glücksgefühle, die in solchen Gemeinschaften gedeihen. Hitler war darin unzweifelhaft Sozialist – ein sehr leistungsstarker Sozialist sogar –, daß er die Menschen zu diesem Glück zwang.
> *War* es ein Glück? Oder wurde der Zwang dazu auch wieder als Unglück empfunden? Die Menschen in der heutigen DDR streben oft von diesem Zwangsglück fort; aber wenn sie dann in die Bundesrepublik Deutschland kommen, klagen sie ebensooft über das Alleingelassensein, das die Kehrseite der individuellen Freiheit ist. Es wird im Dritten Reich oft ähnlich damit gestanden haben. Wir wollen die Frage, ob der sozialisierte Mensch glücklicher ist oder der individuell lebende, hier gar nicht entscheiden.[59]

Haffner beantwortete diese Frage in seinem Buch *Geschichte eines Deutschen,* seinen Lebenserinnerungen, die er 1939 zu schreiben begann, kurz nachdem er als Exilant nach Großbritannien gekommen war. Das Buch wurde erst 2002 auf Betreiben von Haffners Sohn veröffentlicht, drei Jahre, nachdem sein Vater mit 93 Jahren gestorben war.

Viele Deutsche fühlten sich unter der NS-Herrschaft wohl: »Man sagt, die Deutschen seien geknechtet. Das ist nur halb richtig. Sie sind zugleich etwas anderes – schlimmeres –, wofür es noch kein Wort gibt. Sie sind verkameradet. Ein schrecklich gefährlicher Zustand ... Man lebt in einer Traum- und Rauschwelt. Man ist so glücklich darin und dabei so furchtbar entwertet. So zufrieden mit sich, und dabei so grenzenlos häßlich. So stolz, und so überaus gemein und untermenschlich. Man glaubt auf Gipfeln zu wandeln und man kriecht im Sumpf.«[60]

Die Zufriedenheit, die Haffner im nationalsozialistischen Deutschland beobachtete, ging einher mit Terror. Doch für viele Deutsche bildeten Glück und Terror keine Gegensätze. Haffner schreibt:

> Die europäische Geschichte kennt zwei Formen von Terror. Die eine ist der zügellose Blutrausch einer losgelassenen, siegestrunkenen revolutionären Meute; die andere ist die kalte, überlegte Grausamkeit eines siegreichen, auf Abschreckung und Machtdemonstration bedachten Staatsapparats. Die beiden Formen sind, normalerweise, auf Revolution und Repression verteilt. Die erste ist die revolutionäre; sie nimmt ihre Entschuldigung aus der Erregung und der Wut des Augenblicks, aus dem Außersichsein. Die andere ist die repressive; sie nimmt ihre Entschuldigung aus der Vergeltung der vorangegangenen revolutionären Greuel.
> Den Nazis ist es vorbehalten geblieben, beides zu kombinieren in einer Weise, für die beide Entschuldigungen nicht gelten.[61]

Durch die Verbindung dieser beiden Formen von Terror zu einem einzigen System gelang es den Nationalsozialisten, jene Kameradschaft zu erzeugen, die Haffner beschreibt.

Die kollektive Solidarität, die in Nazi-Deutschland herrschte, wurde aufrechterhalten durch die unablässige Schaffung innerer Gegner. Homosexuelle, Zigeuner und Juden wurden nicht nur diskriminiert und ausgegrenzt wie schon häufig in der Vergangenheit. Sie wurden aktiv verfolgt, und dies war ein entscheidendes Element kollektiver Euphorie, die das Nazi-Regime ausgelöst hatte.

Victor Klemperer berichtet davon in seinen Tagebüchern,[62] wo er schildert, wie er und seine nicht-jüdische Ehefrau in den Jahren des Dritten Reiches verfolgt wurden – so mussten sie beispielsweise ihre Katze einschläfern lassen, als den Juden die Haltung von Haustieren verboten wurde. Zeitweise erfuhren sie auch Zuneigung und Unterstützung durch Nachbarn und Ladenbesitzer, die ihnen Nahrungsmittel und Schokolade zukommen ließen. Dennoch kann kein Zweifel bestehen, dass das Leid, das den Juden zugefügt wurde, ein untrennbarer Bestandteil des Glücksgefühls war, das die Nazis dem Rest der Bevölkerung zu vermitteln verstanden. Um sie appetitanregend erscheinen zu lassen, musste die dünne Suppe der gemeinschaftlichen Freude reich gewürzt werden mit Grausamkeit. Glücklicherweise war diese Solidarität der Grausamkeit auch unter Hitler niemals vollständig und grenzenlos.

Obwohl sie die Wahlurne nutzten, wenn es ihnen zupass kam, waren die Nationalsozialisten im Grunde eine aufständische Bewegung. Hitler kam durch die Zerstörung der Weimarer Republik an die Macht, eines liberalen Staatswesens; die Demokratie wurde untergraben und schließlich durch eine Tyrannei ersetzt. Rechtgläubige mögen einwenden, dass es eine andere Dynamik ist, die einen Aufstand gegen eine

Tyrannei auszeichnet, und es stimmt auch, dass Revolutionäre wahrhafte Freunde der Freiheit sind. Doch im Laufe der Revolutionen, für die diese Revolutionäre kämpften, wurden die meisten von ihnen aus der Geschichte getilgt.

Der Sturz des Tyrannen ermöglicht es den Menschen, sich gegenseitig zu tyrannisieren. Häufig folgt eine Phase der Anarchie, die allerdings meist nicht lange dauert. Bald setzt sich wieder das Verlangen nach Ordnung durch. Doch der kalte repressive Terror, der die Konsolidierung eines neuen Regimes begleitet, unterscheidet sich meist kaum von der revolutionären Blutrünstigkeit, wie Haffner erläutert. Beide führen zu einer kollektiven Psychose, einer Reaktion, die im Laufe der Geschichte stets dazu genutzt wurde, sich an extreme Umstände anzupassen. Die Tyrannei verschafft Erleichterung von der Bürde der Vernunft und liefert eine Lizenz dafür, verbotene Anwandlungen von Hass und Gewalt auszuleben. Indem sie diesen Impulsen nachgeben und sie bei ihren Untertanen freisetzen, verschaffen Tyrannen Menschen ein Glücksgefühl, das diese individuell nicht erlangen könnten.

Der Sturz des *Ancien Régime* in Frankreich, des Zaren in Russland, des Schahs von Persien, von Saddam im Irak und von Mubarak in Ägypten mag viele Vorteile für die Menschen in diesen Ländern gebracht haben, doch mehr Freiheit gehörte nicht dazu. Massenmorde, Übergriffe auf Minderheiten, Folter in großem Stil, eine neue Form von Tyrannei, die oft noch grausamer war als jene, die gestürzt worden war – das waren die Ergebnisse. Wer überzeugt ist, Menschen würden die Freiheit lieben, muss fast die gesamte menschliche Geschichte als Fehlentwicklung ansehen.

Ichthyophile und Liberale

In seinem Werk *Vom anderen Ufer,* einer Sammlung von Essays und Dialogen, die der radikale russische Publizist und Philosoph Alexander Herzen zwischen 1847 und 1851 verfasste, ist auch ein fiktiver Dialog enthalten zwischen einem Mann, der an die Freiheit des Menschen glaubt, und einem Skeptiker, der die Menschen eher nach ihrem Verhalten als nach ihren Idealen und Überzeugungen beurteilt. Zur Überraschung des Idealisten zitiert der Skeptiker Rousseaus Diktum »Der Mensch wird frei geboren, und überall ist er in Ketten«. Doch der Skeptiker wiederholt Rousseaus glühendes Bekenntnis in ironischer Absicht: »Weil ich darin einen der Geschichte angetanen Zwang erblicke. Die vornehme Verachtung der Tatsachen ist mir unerträglich, mich beleidigt diese herrisch barsche Weise, immer im Voraus das als eine gelöste Frage zu betrachten, was das Schwierigste ist. Was hätten Sie einem Menschen gesagt, der traurig mit dem Kopfe nickend Ihnen gegenüber die Behauptung aufgestellt hätte: Die Fische sind geboren zu fliegen, und ewig schwimmen sie!«[63]

Daraufhin führt der Skeptiker den »Ichthyophilen« an, der daran glaubt, dass der Mensch danach strebe, frei zu sein:

> Mein Ichthyophil wäre bereit, Ihnen zu antworten: Nehmen Sie das Skelett eines Fisches und Sie werden das Streben zur Evolution der Extremitäten in Füßen oder Flügeln sehen, er hätte Ihnen vollkommen unnötige Knochen gezeigt, die einen Wink für die Entwicklung dieser Disposition geben, er hätte Ihnen am Ende die fliegenden Fische gezeigt, um praktisch zu beweisen, daß die Fischheit sich nicht nur nach dem Fliegen sehnt, sondern auch manchmal fliegt. Nachdem er aber diese Antwort gegeben hätte, wäre er berechtigt, Sie zu fragen: Warum fordern Sie denn

> keine Rechenschaft von Rousseau, wenn er Ihnen sagt, daß der Mensch geboren ist, frei zu sein, und sich darauf stützt, dass er zeitlebens in Ketten lag; weswegen existiert denn wirklich alles Existierende so, wie es existieren muß, während bloß der Mensch eine traurige Ausnahme macht?[64]

Die Frage des Skeptikers – der Herzen selbst repräsentiert – bedarf noch einer Antwort. In seinen Lebenserinnerungen *Mein Leben. Memoiren und Reflexionen,* die in den 1850er Jahren, als er im Exil lebte, in acht Teilen erschienen, beschrieb Herzen, wie der Glaube an Illusionen – in der heutigen Zeit die Illusion der »Menschheit« – den Lauf der Geschichte beeinflusst hat:

> Die geschichtliche Entwicklung war von lauter Sinnlosigkeiten bestimmt; die Menschen sind ständig Phantastereien nachgelaufen, erreichten aber stets etwas sehr Reales dabei. In halb wachem Zustand folgten sie dem Regenbogen, suchten bald das Paradies im Himmel, bald den Himmel auf Erden, und unterwegs sangen sie die ewigen Lieder, schmückten die Tempel mit ihren ewigen Skulpturen, bauten Rom und Athen, Paris und London. Ein Traumgebilde macht dem anderen Platz; der Schlaf wird manchmal leicht, aber er endet niemals. Die Menschen nehmen alles auf sich, glauben an alles, unterwerfen sich allem und sind bereit, viele Opfer zu bringen; aber entsetzt prallen sie zurück, wenn zwischen zwei Religionen, durch einen offenen Spalt, der das Tageslicht hindurchläßt, der frische Wind der Vernunft und der Kritik sie anweht.[65]

Das bestätigt nur die Diagnose des Skeptikers. Ichthyophile verehren die Angehörigen ihrer Spezies so, wie sie ihrer Meinung nach sein sollten, nicht wie sie tatsächlich sind oder in Wirklichkeit sein wollen. Ichthyophile treten in vielfältigen Spielarten in Erscheinung – in Gestalt der Jakobiner, der Bolschewiken und der Maoisten, die die Menschheit terrorisierten, um sie gemäß ihrem Modell neu zu erschaffen; in Gestalt der Neokonservativen, die einen immerwährenden Krieg führen, den sie als Mittel zur Durchsetzung universaler Demokratie betrachten; in Gestalt liberaler Kreuzzügler für Menschenrechte, die überzeugt sind, die ganze Welt sehne sich danach, so zu werden wie sie.

Die bemerkenswertesten Ichthyophilen sind wahrscheinlich die Romantiker, die glauben, dass die Individualität des Menschen überall unterdrückt werde. Von ihnen ist keiner so bekannt wie John Stuart Mill, der Autor des Werkes *Die Freiheit* (1859). Alexander Herzen fasste Mills Sichtweise folgendermaßen zusammen:

> Das ständige Absinken der Individualitäten, der Niedergang von Geschmack und Ton, die Leere der Interessen, der Mangel an Energie entsetzten ihn; er schaut näher hin und sieht deutlich, wie alles nach und nach verkümmert, gewöhnlich wird, krämerhaft, verwischt, vielleicht »wohlanständiger«, aber banaler ... und voll Ernst den Kopf schüttelnd, sagt er zu seinen Zeitgenossen: »Haltet ein, besinnt euch! Wißt ihr, wohin ihr geht? Seht doch – die Seele schwindet dahin.«
>
> Doch warum weckt er denn die Schlafenden?, was für einen Weg, welchen Ausweg hat er für sie gefunden? ... Statt in der asiatischen stagnierenden Ruhe, sagte er, leben die zeitgenössischen Europäer in gehaltloser Unruhe, inmitten sinnloser Veränderungen: »Wenn wir auch Besonderheiten ablehnen, so doch keineswegs Veränderungen, nur müssen sie jedesmal von allen mitgemacht werden. Wir haben die originelle Kleidung unserer Väter abgelegt und sind bereit, zwei-, dreimal im Jahr den Schnitt unserer

> Kleider zu wechseln, aber unter der Bedingung, daß alle es tun, und das geschieht nicht wegen der Schönheit oder der Bequemlichkeit, sondern um des Wechsels willen!« …
> So sind wir denn zurückgekehrt und stehen vor derselben Frage. Welche Berechtigung haben wir, einen Schlafenden zu wecken? Was könnte ein schlaff gewordenes und im Kleinkram untergehendes Individuum in Begeisterung versetzen, Unzufriedenheit mit seinem jetzigen Leben empfinden lassen, mit all seinen Eisenbahnen und Telegraphenämtern, den Zeitungen und billigen Waren?[66]

Nach Auffassung der Ichthyophilen wünschen sich die Menschen ein Leben, in dem sie ihre eigenen Entscheidungen treffen können. Was aber, wenn sie nur in einem Leben Erfüllung finden, in dem sie sich aneinander ausrichten? Die meisten Menschen, die modischen Trends folgen, handeln wahrscheinlich in dem verborgenen Bewusstsein, ihnen fehle die Fähigkeit zu einer wahrhaft individuellen Existenz.

Der Liberalismus – die ichthyophile Variante jedenfalls – lehrt, jeder Mensch strebe nach Freiheit. Herzens Erfahrungen mit den gescheiterten europäischen Revolutionen im Jahr 1848 veranlassten ihn, diese Annahme in Zweifel zu ziehen. Seine Desillusionierung war die Ursache für seine scharfe Kritik an Mill. Ist Mill tatsächlich dazu verleitet worden zu glauben, jeder Mensch liebe die Freiheit, dann gäbe es ohne diese Illusion noch weniger Freiheit auf der Welt. Der Charme einer liberalen Lebenshaltung liegt darin, den meisten Menschen zu ermöglichen, ihre Freiheit unbewusst aufzugeben: Sie erlaubt es der Mehrheit der Menschen, sich als fliegende Fische zu betrachten, hingegen verbringen sie ihr Leben in Wirklichkeit in den Fluten, folglich beruht die liberale Zivilisation auf einem Traum.

Papierkleider, große Pianos und eine Milliarde Grashalme

Im Jahr 1913, kurz vor Ausbruch des Ersten Weltkriegs, waren die deutsche Mark, der britische Schilling, der französische Franc und die italienische Lira mehr oder weniger das Gleiche wert, und vier oder fünf Münzen der jeweiligen Währung entsprachen ungefähr einem Dollar. Ende 1923 hätte man für einen Schilling, einen Franc oder eine Lira 1000000000000 Mark (= eine Billion) bekommen, auch wenn in der Praxis niemand mehr bereit war, die Mark als Zahlungsmittel für irgendetwas anzunehmen. Die Mark, die nur noch eine Million Millionstel ihres einstigen Wertes besaß, war tot. Ihr Siechtum hatte sich über fast zehn Jahre hingezogen.[67]

Wie der schottische Historiker Adam Fergusson in seinem Buch *Das Ende des Geldes: Hyperinflation und ihre Folgen für die Menschen am Beispiel der Weimarer Republik* (2011) zeigte, bedeutete der Zerfall des Geldes eine grundlegende Veränderung der menschlichen Erfahrung, die eine ansteckende Krankheit nach sich zog. Einen solchen Schock schildert Fergusson sehr anschaulich, indem er von einer Witwe der Mittelschicht berichtet, deren Bank mitteilt, ihre Ersparnisse hätten drei Viertel ihres Wertes verloren. Entsetzt erklärt sie dem Bankangestellten: »Ja, aber meine Papiere sind Staatspapiere. Gewiss gibt es nichts Sichereres?« Der Bankangestellte erwidert: »Meine verehrte Dame, wo ist denn der Staat, der Ihnen diese Papiere garantiert hat? Er ist tot.«[68]

Die Frau hält in ihrem Bericht fest, dass sich Lebensmittel gegenüber 1913 um das Hundert- bis Zweihundertfache verteuert hätten. Der Preis von Anzügen sei zwar nicht so stark gestiegen, dennoch würden mittlerweile Kleider aus Papier verkauft. Einen großen Zigarrenvorrat ihres Ehemannes konnte die Witwe gegen Fleisch und Nahrungsmittel eintauschen. Andere Leute konnten sich nur dadurch über Wasser halten, dass sie alles veräußerten, was sie besaßen – jeden Tag eine Perle eines goldenen Rosenkranzes, ein Stück Kohle für ein Hemd, ein Hemd für einen Sack Kartoffeln. Andere jedoch hatten weniger Glück. Die Frau berichtet, wie »Tag für Tag und immer wieder ... ältere, pensionierte hochrangige Beamte vor Hunger auf den Straßen von Wien zusammenbrachen«. Die meisten von ihnen waren schlicht ohnmächtig geworden. »Die Menschen starben nicht einfach.« Vielmehr verkauften sie nach und nach alle Requisiten eines bürgerlichen Lebens – ein Gemälde, einen Teppich, Porzellan, Silberlöffel –, bis ihnen nichts mehr geblieben war. Sie schlugen sich durch, so lange es ging.[69]

Wie in Neapel litten die meisten Menschen unter der Zerstörung des Bildes, das sie sich von sich selbst als ethisch-moralische Wesen gemacht hatten. Weiter an den Einstellungen früherer Zeiten festzuhalten führte nur in den Untergang. Da sich die Bauern weigerten, Nahrungsmittel gegen wertloses Papiergeld herauszugeben, ließen sich viele Menschen zu Plünderungen hinreißen. Die Tochter der Witwe berichtet, dass ihr, als sie nach Linz in die Kirche fuhr, »alle Arten merkwürdig aussehender Gestalten entgegenkamen«. Ein Mann trug drei Hüte und zwei Mäntel übereinander, einige Leute zogen Karren hinter sich her, auf denen sich Lebensmitteldosen jeglicher Art türmten, andere wechselten von ihren zerrissenen, abgetragenen Gewändern in relativ neue Kleidung. Die Stadt Linz »sah aus, als sei sie von einem Erdbeben erschüttert worden«. Lebensmittelgeschäfte waren geplündert und verwüstet, Pferde und Karren gestohlen und weggeschafft worden, Schweine waren getötet oder verletzt und in ihrem Blut liegen gelassen worden, Kühe hatte man geschlachtet und ihnen das Fleisch von den Knochen gerissen.[70] Da das Geld keinen Wert mehr besaß, eigneten sich die Menschen alles an, dessen sie habhaft werden konnten.

Ein Merkmal dieser Zeit war ein beherrschendes Gefühl der Unsicherheit. Unfassbar große Zahlen fielen in das alltägliche Leben ein. Der deutsch-jüdische Industrielle Walter Rathenau war als Außenminister für die Umsetzung der Reparationsleistungen zuständig, die Deutschland von den Alliierten nach dem Ersten Weltkrieg auferlegt worden waren; er berichtete von Staatsmännern und Bankiers, die in ihren Büros saßen, wo »sie Nullen niederschreiben, und neun Nullen bedeuten eine Milliarde. Eine Milliarde geht leicht und flüssig über die Lippen, aber niemand kann sich eine Milliarde vorstellen. Was ist eine Milliarde? Besitzt ein Baum eine Milliarde Blätter? Gibt es auf einer Wiese eine Milliarde Grashalme? Wer weiß das?« Rathenau wurde selbst Opfer des Fieberwahns, den er diagnostiziert hatte. Im Juni 1922 wurde er eines Morgens, als er mit seinem Wagen von zu Hause ins Auswärtige Amt fuhr, von Attentätern, die ihm in ihrem Auto gefolgt waren, aus nächster Nähe erschossen und anschließend durch eine Handgranate getroffen, die seinen Körper hochschleuderte.

Um sich die Begriffe und Recheneinheiten von damals zu vergegenwärtigen, sei erinnert, dass eine Milliarde tausend Millionen sind, eine Billion einer Million Millionen und eine Billiarde tausend Billionen entsprechen. Im Oktober 1923 berichtete der britische Botschafter, dass sich niemand mehr mit Beträgen von weniger als einer Million beschäftigte und dass sogar Bettler einen kleineren Geldschein nicht mehr akzeptierten. Am 21. Oktober wurden acht Milliarden Reichsmark für ein britisches Pfund gezahlt. Am 26. Oktober zogen vor der Reichsbank Demonstranten auf, die die Ausgabe von Milliarden-Mark-Scheinen verlangten. Am 1. November schließlich gab man Scheine über fünf und über zehn Billiarden Mark in den Umlauf.

Das Erschrecken über diese unvorstellbaren Summen trieb die Spekulation in die Höhe: Sachwerte jeglicher Art waren gefragt. Große Klaviere wurden zu einem wertvollen Besitz für Leute, die nicht eine einzige Note lesen konnten. Doch nur wenigen, die sich von der Hysterie anstecken ließen, gelang es, ihr Vermögen zu schützen. Es wurde eine nahezu unermessliche Menge Geldes gedruckt, aber fast alle verarmten. Viele der Pianos endeten wahrscheinlich als Feuerholz.

Die Finanzalchemisten

Ende des vergangenen Jahrhunderts entwickelte sich eine neuartige politische Ökonomie. Früher war sich der Kapitalismus der Gefahr von Schulden durchaus noch bewusst. Die Kreditvergabe der Banken war auf ein gewisses Maß beschränkt gewesen, so dass die Wirtschaft nicht zu stark von Schulden abhängig wurde. Im neuartigen Kapitalismus glaubte man, man könne mit Schulden Wohlstand schaffen: Wenn man genügend Geld an eine genügend große Zahl von Menschen verlieh, würden in kurzer Zeit alle reich werden.

Echter Wohlstand ist physisch und seinem Wesen nach begrenzt; er entsteht aus Dingen, die verbraucht werden oder dahinschwinden; er wird im Laufe der Zeit verzehrt. Schulden sind potentiell grenzenlos, sie nähren sich aus sich selbst und wachsen an, bis sie nicht mehr zurückgezahlt werden können. Der immaterielle Wohlstand, der durch den neuen Kapitalismus geschaffen wird, ist potentiell unbegrenzt. Die Praxis der Vergabe von »Subprime«-Krediten, von Darlehen, welche die Kreditnehmer aus ihrem Einkommen niemals mehr zurückzahlen können, wurde auch als »räuberische Kreditvergabe« bezeichnet, was unter einem bestimmten Blickwinkel auch zutraf. Sobald die Immobilienpreise nicht mehr stiegen, mussten die Schuldner zahlungsunfähig werden. Die einzigen Nutznießer waren die Banken, die Provisionen für die Vergabe dieser Kredite erhielten, von denen sie wussten, dass sie nicht würden zurückgezahlt werden können.

Aus einer anderen Perspektive war diese Praxis eine Art von Alchemie. Menschen Kredite zu gewähren, die sich diese gar nicht leisten konnten, war eine Möglichkeit, Reichtum aus nichts zu erschaffen. Auch wenn die Industrie in andere Länder verlagert wurde und keine qualifizierten Arbeitskräfte mehr benötigt wurden, konnte der allgemeine Wohlstand weiter zunehmen. Der Wohlstand musste nicht mehr wie früher der Erde abgerungen werden. Durch einen Prozess, dessen Funktionsweise niemand genau beschreiben konnte, ließ sich Wohlstand erschaffen. Für die Alchemisten früherer Zeiten schloss der Versuch, unedle Metalle in Gold zu verwandeln, einen Zauber ein – den Versuch, die Naturgesetze zu umgehen. Den Vertretern der sogenannten Wirtschaftswissenschaften im 21. Jahrhundert fehlte diese Einsicht. Bis auf wenige Ausnahmen waren sie völlig fassungslos, als dieses alchemistische Experiment in einer Farce und im Ruin endete.

Der schuldenbasierte Hyper-Kapitalismus, der in den letzten Dekaden des 20. Jahrhunderts in Amerika entstand, konnte nur sehr kurzlebig sein. Haushalte mit stagnierenden oder rückläufigen Einkommen können keine wachsenden Kredite bedienen. Als die Finanzkrise 2007 ausbrach, stagnierten die Einkommen der meisten Amerikaner bereits seit mehr als 30 Jahren. Verdeckt durch den Kreditboom war die Mehrheit stetig ärmer geworden. In Amerika entwickelte sich eine neue politische Ökonomie: eine Volkswirtschaft, in der ein wesentlich größerer Teil der Bevölkerung in Gefängnissen untergebracht ist als in allen anderen Ländern, in der es eine große

Zahl von Dauerarbeitslosen gibt, in der ein beträchtlicher Teil der Erwerbstätigen in prekären Arbeitsverhältnissen beschäftigt ist und viele Menschen in einer Schattenwirtschaft ihr Dasein fristen, etwa im Drogenhandel oder im Sexgeschäft – eine postmoderne Plantagenwirtschaft, in der man allerorten auf Knechtschaft stößt.

Laut einigen Historikern ist heute, zu Beginn des 21. Jahrhunderts, in Amerika die Ungleichheit größer als in der auf Sklaverei beruhenden Wirtschaft des Römischen Reiches im 2. Jahrhundert.[71] Natürlich gibt es Unterschiede. Das heutige Amerika ist wahrscheinlich weniger stabil als das imperiale Rom. Es ist schwer zu erkennen, wie das flüchtige Papier-Vermögen von wenigen auf der Grundlage einer dezimierten Erwerbsbevölkerung in einer ausgehöhlten Volkswirtschaft aufrechterhalten werden kann. Als unüberwindliches Problem des amerikanischen Kapitalismus dürfte sich der abnehmende Gewinn aus der Schuldsklaverei herausstellen.

Nicht nur die Massenarmut erschwert das Leben in diesem neuartigen Kapitalismus. In Amerika ist der Glaube daran, das Leben eines jeden Menschen könne eine Geschichte stetiger Verbesserungen sein, tiefer als irgendwo sonst in der Volkspsyche verankert. In der neuen Ökonomie, in der eine zerrissene Existenz das Los der vielen ist, ergibt diese Geschichte keinen Sinn mehr. Wenn der Sinn des Lebens in der Zukunft gesehen wird, wie sollen die Menschen dann leben, wenn die Zukunft nicht mehr vorstellbar ist? Der Aufstieg der Tea Party signalisiert einen Rückzug in eine Art willentliche Psychose, wobei populistische Demagogen die Rückkehr in eine mythische Vergangenheit versprechen.

In Europa vollzieht sich eine durchaus ähnliche Entwicklung. Während die Arbeiterschichten ihre Arbeit verlieren, entwickeln sich die Mittelschichten zu einem Proletariat neuer Art. Das Endergebnis des Booms war das Abschmelzen der Ersparnisse und die Zerstörung der gewachsenen Berufe. In Griechenland hat die Sparpolitik zu einer Flucht aus den Städten auf das Land und zu einer Rückkehr zur Tauschwirtschaft geführt – eine umgekehrte Form der wirtschaftlichen Entwicklung. Es ist eine beißende Ironie, gewissermaßen voraussagen zu können, dass die Entschlossenheit, die Modernisierung durchzusetzen, eine Rückkehr zu primitiveren Lebensformen nach sich ziehen wird.

Im weiteren Verlauf des Crashs wurde die Passivität, die seine frühen Phasen begleitete, durch Widerstand abgelöst. Aber selbst in diesem Stadium träumen viele Menschen noch davon, den Fortschrittsmythos, der bis vor wenigen Jahren noch unaufhaltsam erschien, wieder aufzunehmen. Die Boomjahre prägte der Glaube an eine unendliche wirtschaftliche Expansion, und nun, da der Boom vorbei ist, ertönt überall und eindringlich die Forderung nach einer Rückkehr zum Wachstum. Dass echter Wohlstand begrenzt ist, wird nicht akzeptiert. Höchstwahrscheinlich wird so lange an der Wachstumsphantasie festgehalten, bis dann doch irgendwann die Knappheit von Erdöl, Wasser und anderen natürlichen Rohstoffen diesem Mythos ein Ende setzen wird.

Das frühe 21. Jahrhundert wurde mit den 1930er Jahren verglichen, und es gibt tatsächlich Ähnlichkeiten. In beiden Epochen vollzogen sich globale Umbrüche und geopolitische Verschiebungen – in der Zwischenkriegszeit von Europa nach Nordamerika, heute vom Osten in den Westen. In beiden Fällen konnte man schon vorher wissen, dass Europa in einem zerstörerischen Konflikt versinken würde. Heute gibt es keine Massenbewegungen – faschistischer, nationalsozialistischer oder kommunistischer Provenienz –, wie sie sich in der Zwischenkriegszeit in Europa ausbreiteten. Wahrscheinlich wird die Demokratie in keinem europäischen Land durch Diktaturen jener Art abgelöst werden, die in den 1930er Jahren überall auf dem europäischen Kontinent an die Macht kamen. Doch fremdenfeindliche Kräfte sind wieder auf dem Vormarsch. Gefördert durch die Entschlossenheit der europäischen Eliten, eine dysfunktionale Gemeinschaftswährung aufrechtzuerhalten, bringt die wirtschaftliche Kräfteverlagerung eine moderne Version der vergifteten Politik der Zwischenkriegszeit hervor. Wie damals in den 1930er Jahren – Einwanderer, Sinti und Roma, Homosexuelle, Juden – werden auch heute Minderheiten als Sündenböcke ins Visier genommen.

Die heutige Krise ähnelt jener in den 1930er Jahren in einer grundlegenderen Hinsicht: Sie kann nicht durch gemeinschaftliches Handeln überwunden werden. Sie steht im Zusammenhang mit dem Fortschrittsglauben, der davon ausgeht, kein Menschheitsproblem sei langfristig unlösbar. Karl Marx erklärte in seinem Werk *Zur Kritik der politischen Ökonomie* (1859), dass »die Menschheit [sich] immer nur Aufgaben [stellt], die sie lösen kann«.[72] Marx hatte recht mit seiner Annahme, der Kapitalismus berge ein selbstzerstörerisches Potential, irrte aber darin, dass dem Kapitalismus eine dauerhaftere Produktionsweise folgen würde. Wohlstand kann in vielen unterschiedlichen wirtschaftlichen Systemen erzeugt werden, aber niemals für lange Zeit. Das menschliche Tier konsumiert, was produziert worden ist, und zieht dann weiter.

Der Aufstieg und der Niedergang von Wirtschaftssystemen ist der normale Lauf der Geschichte. Während heute eine bestimmte Art des Kapitalismus im Niedergang begriffen ist, schreiten andere Formen des Kapitalismus – in China und Indien, in Russland, Brasilien und Afrika – weiter voran. Der Kapitalismus gelangt nicht an sein Ende. Er verändert seine Gestalt, wie schon viele Male zuvor. Wie der alte und der neue Kapitalismus in einer Zeit starken Bevölkerungswachstums ihren Konflikt um die Ressourcen der Erde austragen werden, bleibt abzuwarten.

Die meisten drängenden Probleme sind ungelöst. Mehr als alle anderen Maßnahmen von Roosevelt war es die Massenmobilisierung im Zweiten Weltkrieg, die Amerika und schließlich auch die übrige Welt aus der Großen Depression herausführte. Die Probleme, vor denen die Welt heute steht, werden durch keine wie auch immer geartete Entscheidung überwunden werden. Vielmehr wird es eine Verschiebung des Schauplatzes geben, eine Veränderung der globalen Landschaft, die niemand wird vorhersehen oder beherrschen können, und demzufolge werden die Schwierigkeiten, die gegenwärtig nicht lösbar sind, der Welt erhalten bleiben.

Humanismus und fliegende Untertassen

Wäre der Glaube an die menschliche Rationalität eine wissenschaftliche Theorie, wäre sie schon längst aufgegeben worden. Eine bemerkenswerte Widerlegung findet sich in einem Klassiker der Sozialpsychologie, *When Prophecy Fails* (1956), einer Untersuchung des UFO-Kults Anfang der 1950er Jahre. In diesem Buch, das von einem Team unter Leitung von Leon Festinger verfasst wurde, jenem Sozialpsychologen, der die Theorie der kognitiven Dissonanz entwickelte, wird von einer Frau aus Michigan berichtet, die behauptete, von intelligenten Wesen auf einem anderen Planeten mittels automatischem Schreiben Botschaften über das bevorstehende Ende der Welt erhalten zu haben; diese solle am 21. Dezember 1954 kurz vor Tagesanbruch durch eine große Flut untergehen. Die Frau und ihre Anhänger hatten ihre Wohnungen, ihre Arbeitsstellen und ihre Partner verlassen und ihren gesamten Besitz weggegeben, um sich auf das Erscheinen einer fliegenden Untertasse vorzubereiten, die sie von diesem untergangsgeweihten Planeten retten würde.

Festinger und seine Kollegen betrachteten dies als eine Möglichkeit, diese Theorie der kognitiven Dissonanz zu überprüfen. Ihr zufolge reagieren Menschen auf Einstellungen, Gedanken und Wahrnehmungen, die miteinander unvereinbar sind, nicht dadurch, dass sie diese anhand der Tatsachen überprüfen. Sie reduzieren vielmehr den Konflikt, indem sie Tatsachen, die jenen Ansichten widersprechen, die ihnen am meisten zusagen, neu interpretieren. Schon T. S. Eliot schrieb in seinem Gedicht *Burnt Norton,* dass die Menschheit nicht viel Realität ertragen könne.

Um ihre Theorie einem Test zu unterziehen, begaben sich die Psychologen unter die Anhänger des UFO-Kults und beobachteten deren Reaktion, als die angekündigte Apokalypse ausblieb. Wie in der Theorie vorhergesagt, waren die Anhänger des Kults nicht bereit zu akzeptieren, dass ihre Überzeugungen falsch gewesen waren. Stattdessen deuteten sie das Nichteintreten des Weltuntergangs als Beweis dafür, dass es ihnen gelungen sei, diesen durch ihre Nachtwachen und ihre Gebete abzuwenden. Dass alle ihre Erwartungen zunichte gemacht worden waren, brachte sie nur dazu, noch entschlossener an ihrem Glauben festzuhalten, und sie begannen noch leidenschaftlicher für ihre Überzeugungen zu werben.

Festinger fasst diesen Prozess folgendermaßen zusammen:

> Nehmen wir an, ein Mensch glaubt mit ganzem Herzen an irgendetwas; nehmen wir ferner an, dass ihm diese Überzeugung sehr viel bedeutet, dass er ihretwegen bereits unwiderrufliche Handlungen ausgeführt hat; und nehmen wir schließlich an, dass ihm Beweise vorgelegt werden, eindeutige und unbestreitbare Beweise, dass diese Überzeugung falsch ist; was wird geschehen? Dieser Mensch wird am Ende nicht nur unerschüttert, sondern noch mehr überzeugt sein denn je, dass sein Glaube der Wahrheit ent-

spricht. Er wird vielleicht sogar einen neuen Eifer an den Tag legen und andere Menschen von seinen Ansichten zu überzeugen und zu bekehren versuchen.[73]

Die Realität zu leugnen, um sich eine bestimmte Weltsicht zu erhalten, ist ein Verhalten, das sich nicht auf die Anhänger von Kulten beschränkt. Kognitive Dissonanz ist die gewöhnliche Verfasstheit des Menschen. Messianische Bewegungen, deren Anhänger die Ankunft des Erlösers erwarten, verkörpern diese Dissonanz in reinster Form. Festinger schreibt: »Seit der Kreuzigung Christi haben viele Christen die Wiederkunft Christi erhofft, und Bewegungen, die dafür ein genaues Datum nannten, gab es zuhauf ... [Die Anhänger messianischer Bewegungen] sind überzeugte Jünger; sie engagieren sich für die Sache, indem sie mit ihrem bisherigen Leben brechen ... Die Wiederkunft findet nicht statt. Doch anstatt die Bewegung zu verunsichern, verleiht ihr diese Widerlegung neues Leben.«[74] Apokalyptische Bewegungen müssen nicht übermäßig religiös sein. Unter Bezug auf Festingers Werk bemerkte der Literaturkritiker Frank Kermode, dass »für uns das Ende seine naive unmittelbare Bedrohung verloren haben mag, doch sein Schatten liegt weiter über den Katastrophen unserer Dichtungen.«[75]

Der Schatten der Apokalypse fällt auf viele radikale Bewegungen. Reproduziert in säkularer Form, trieben apokalyptische Mythen die Revolutionäre um, von den Jakobinern bis zu den Bolschewiken und anderen, inspirierten so unterschiedliche Bewegungen wie den Trotzkismus und den amerikanischen Neokonservatismus des späten 20. Jahrhunderts. Der proletarische Mensch in Sowjetrussland, der Übermensch in Nazi-Deutschland, der globale Produzent und Konsument, der von den Kongregationen der Reichen beim Weltwirtschaftsforum in Davos erwartet wird – jede dieser Versionen des Menschen hätte in der Geschichte etwas Neuartiges dargestellt. Doch glücklicherweise blieb die Endzeit aus und keines dieser Phänomene nahm konkrete Gestalt an.

Wenn sich das menschliche Tier durch eine unverwechselbare Eigenart auszeichnet, dann ist es seine Fähigkeit, mit zunehmender Geschwindigkeit Wissen anzuhäufen, während es zugleich chronisch unfähig ist, aus Erfahrungen zu lernen. In Wissenschaft und Technologie kommt immer Neues hinzu, während sich Ethik und Politik mit wiederkehrenden Dilemmata befassen. Wie man sie auch nennen mag – Folter und Sklaverei sind universelle Übel; doch diese Übel können nicht der Vergangenheit zugeordnet werden wie redundante Theorien in der Wissenschaft. Sie kehren unter wechselnden Namen immer wieder zurück: die Folter in Form verbesserter Verhörmethoden, die Sklaverei als Menschenhandel. Doch im Unterschied zu wissenschaftlichen Erkenntnissen können die Beschränkungen des zivilisierten Lebens nicht in einer Computerdatei gespeichert werden. Sie sind Verhaltensgewohnheiten, die nur schwer wieder zu korrigieren sind, wenn sie einmal ans Licht gekommen sind. Die Zivilisation ist für Menschen etwas Natürliches, die Barbarei aber auch.

Wissenschaft und Geschichte zeigen, dass Menschen immer nur teilweise und zeitweilig rational sind, doch für moderne Humanisten ist die Lösung einfach: Die Menschen müssen in Zukunft rationaler werden. Diese begeisterten Anhänger der Vernunft haben nicht erkannt, dass die Vorstellung, dass die Menschen sich eines Tages rationaler verhalten werden, einen tiefer reichenden Sinneswandel verlangt als alle religiösen Bekehrungen. Da sie einen wundersamen Bruch in der Ordnung der Dinge erfordert, steht die Idee, dass Jesus von den Toten auferstanden sei, weniger im Gegensatz zur Vernunft als die Vorstellung, dass die Menschen in der Zukunft anders sein werden, als sie bisher waren.

Allgemein gesprochen vertritt der Humanismus die Auffassung, im menschlichen Tier erscheine gewissermaßen ein auf der Welt einzigartiger Wert. Die Philosophen des antiken Griechenland glaubten, Menschen erreichten ihre Besonderheit durch den Besitz der Verstandesfähigkeiten, die anderen Lebewesen fehlten, und einige dieser Philosophen – insbesondere Sokrates, jedenfalls so, wie er von Plato skizziert wird – waren überzeugt, Menschen könnten kraft ihres Verstandes Zugang zur geistigen Welt erhalten. Damit verwandt ist die humanistische Idee, der menschliche Geist spiegele die Ordnung des Universums wider. Die geistige Sphäre, an die Sokrates vielleicht glaubte, bestand aus zeitlosen Formen – mit anderen Worten, aus metaphysischen Projektionen menschlicher Vorstellungen. Ein dritter Aspekt des Humanismus lautet: Die Geschichte ist eine Geschichte des menschlichen Fortschritts, in dessen Verlauf die Rationalität immer mehr zunehme. Dies ist eine unverwechselbar moderne Sichtweise, die bei den Denkern der Antike noch nirgends zu finden ist.

Nicht alle, die als Humanisten bezeichnet wurden, haben diese Gedanken akzeptiert. Der Essayist Michel de Montaigne aus dem 16. Jahrhundert wurde als Humanist betrachtet, weil er die klassische Bildung und ein Leben der Selbstkultivierung pries. Doch Montaigne spottete über die Vorstellung, der Mensch sei anderen Lebewesen überlegen, wies den Gedanken zurück, der menschliche Geist spiegele die Welt wider, und machte sich lustig über die Idee, der Verstand ermögliche es dem Menschen, ein gutes Leben zu führen. Bei ihm findet sich keine Spur des Glaubens an den Fortschritt, der später den modernen Humanismus prägen sollte. Als guter Skeptiker ließ Montaigne das Fenster zum Glauben offen. Doch in seinen Schriften gibt es keinen Hinweis auf jene mystischen Ideen, die die Behauptung der menschlichen Einzigartigkeit bei Sokrates und Plato unterstützen.

Die heutigen Humanisten, die nach eigenem Bekunden eine durch und durch säkulare Sicht der Dinge pflegen, nehmen Mystizismus und Religion nicht ernst. Doch der einzigartige Status des Menschen ist nur schwer zu verteidigen oder auch nur zu verstehen, wenn er von jeder Idee der Transzendenz abgekoppelt wird. In einer strikt naturalistischen Sichtweise – einer Sicht, in der die Welt allein für sich betrachtet wird, ohne Bezug auf einen Schöpfer oder eine geistige Ebene – gibt es keine Hierarchie der Werte mit dem Menschen an der Spitze. Es gibt lediglich verschiedenartige Lebewesen, die alle ihre eigenen Bedürfnisse haben. Die menschliche Einzigartigkeit ist ein Mythos, der aus der Religion stammt und den die Humanisten in Wissenschaft umgewandelt haben.

Dass Humanisten dem Mythos feindselig gegenüberstehen, ist bezeichnend, denn wenn es irgendetwas gibt, das dem Menschen eigen ist, dann ist es die Mythenbildung. Jede menschliche Kultur wird in gewisser Weise von einem Mythos belebt, und kein anderes Lebewesen hat etwas Vergleichbares hervorgebracht. Auch die Humanisten werden von Mythen beherrscht, doch ihre Mythen haben nichts von der Schönheit oder der Weisheit jener Mythen, die sie verachten. Der Mythos gehörte bei Sokrates und Plato als Bestandteil zu ihrer mystischen Philosophie und mit seiner Hilfe können sich die Menschen aus der natürlichen Welt erheben; ebendieser Mythos wurde durch eine verstümmelte Version der Evolution erneuert.

Fast alle Elemente der modernen Theorien über die Entwicklung der Gesellschaft finden sich auch schon, manchmal sogar deutlicher formuliert, in den Schriften von Herbert Spencer, dem viktorianischen Propheten des später so genannten Sozialdarwinismus. Ausgehend von der Auffassung, auch die menschliche Geschichte sei dementsprechend ein evolutionärer Prozess, behauptete Spencer, dieser Prozess führe letzten Endes zum Laissez-faire-Kapitalismus. Seine Schüler Sidney und Beatrice Webb, frühe Mitglieder der Fabian Society und Bewunderer der Sowjetunion, waren überzeugt, diese Entwicklung erreiche im Kommunismus ihren Höhepunkt. Eine spätere Generation von Theoretikern, die sich um eine etwas differenziertere Terminologie bemühte, sprach vom »demokratischen Kapitalismus«. Wie zu erwarten, erfuhr keine dieser geistigen Hervorbringungen eine praktische Umsetzung.

Das wichtigste Merkmal der natürlichen Auslese besteht in einem beständigen Prozess der Abweichung. Die Evolution hat keinen Endpunkt und keine Richtung, wenn also die Entwicklung der Gesellschaft ein evolutionärer Prozess ist, dann ist es ein Prozess, der nirgendwohin führt. Für die Richtungen, die mehrere Generationen von Theoretikern der Evolution unterstellt haben, gibt es keine wissenschaftliche Begründung. Dabei handelt es sich ausnahmslos um die vorherrschende Fortschrittsidee, die im Gewand des Darwinismus wiederaufbereitet wurde.

Darwins Theorie, auch in ihrer Weiterentwicklung durch spätere Wissenschaftler, geht von der natürlichen Auslese durch zufällige Genmutationen aus. Doch bislang hat niemand ein Element, das diese Auslese vornimmt, oder einen Mechanismus beschrieben, durch den sich die gesellschaftliche Evolution vollzieht. In evolutionärer Sicht verfügt der menschliche Geist über keine ihm innewohnende Neigung zur Wahrheit oder zur Rationalität und wird sich weiter gemäß dem Imperativ des Überlebens entwickeln. Theorien, die eine Zunahme der menschlichen Rationalität durch die soziale Evolution postulieren, sind heute ebenso unbegründet wie schon damals, als Spencer sie benutzte, um den Laissez-faire-Kapitalismus zu rechtfertigen, oder das Ehepaar Webb den Kommunismus. Indem sie Irrtümer wiederzubeleben versuchen, die schon vor langer Zeit zerstoben sind, demonstrieren die Fortschrittsgläubigen des 21. Jahrhunderts unabsichtlich die Irrealität des Fortschritts in der Ideengeschichte.

Humanisten muss es als eine Form von Pessimismus erscheinen, wenn bestritten wird, der Mensch könne ohne Mythen leben. Ihnen zufolge wird sich eine Verbesserung einstellen, wenn sich die Menschen mehr und mehr wie jene rationalen Wesen verhalten, die sie ihrer Ansicht nach sind. Lassen wir die Annahme beiseite – die ohnehin sehr fragwürdig ist –, rationales Leben müsse ohne Mythen auskommen. Ob rational oder nicht, ein Leben ohne Mythen wäre wie ein Leben ohne Kunst oder ohne Sex – fade und unmenschlich. Die Wirklichkeit, so schrecklich sie bisweilen sein mag, ist demgegenüber vorzuziehen. Zum Glück muss man keine Wahl treffen, denn das vernunftgeprägte Leben, das die Humanisten erhoffen, ist lediglich eine Chimäre.

Wenn eine Wahl zu treffen ist, dann ist es eine Wahl zwischen verschiedenen Mythen. Im Vergleich zum Mythos der Schöpfungsgeschichte ist der moderne Mythos, wonach die Menschheit einer besseren Zukunft entgegenstrebt, ein reiner Aberglaube. Wie die Schöpfungsgeschichte der Genesis lehrt, kann Wissen uns nicht vor uns selbst schützen. Wenn wir mehr wissen als jemals zuvor, bedeutet das nur, dass wir einen größeren Spielraum haben, um unsere Phantasien auszuleben. Doch es gibt keine Möglichkeit – und das zeigt der Mythos der Genesis ebenfalls –, uns dessen zu entledigen, was wir wissen. Wenn wir einen Zustand der Unschuld zurückzuerlangen versuchen, führt dies allein zu verstärktem Wahnsinn. Die Botschaft der Schöpfungsgeschichte lautet, es gebe in den grundlegenden Bereichen des menschlichen Lebens keinen Fortschritt, vielmehr einen unendlichen Kampf mit unserer eigenen Natur.

Wenn heutige Humanisten die Idee des Fortschritts beschwören, vermischen sie zwei unterschiedliche Mythen: einen sokratischen Mythos der Vernunft und einen christlichen Mythos der Erlösung. Das Ideengebäude, das daraus hervorgeht, ist ohne inneren Zusammenhalt, was aber gerade seinen Reiz ausmacht. Humanisten glauben, die Menschheit verbessere sich entsprechend der Zunahme des Wissens, doch die Überzeugung, die Anhäufung von Wissen gehe mit zivilisatorischem Fortschritt einher, ist ein Akt des Glaubens. Sie betrachten die Verwirklichung des menschlichen Potentials als das Ziel der Geschichte, während eine rationale Untersuchung ergibt, dass die Geschichte kein Ziel kennt. Sie erhöhen die Natur, beharren jedoch darauf, dass die Menschheit – eine Laune der Natur – die natürlichen Grenzen überwinden könne, die das Leben der anderen Lebewesen bestimmen. Dies ist offenkundig absurd, doch dieser Unsinn verleiht dem Leben von Menschen Bedeutung, die glauben, sie hätten alle Mythen hinter sich gelassen.

Von den Humanisten zu erwarten, ihre Mythen aufzugeben, wäre unvernünftig. Wie billige Musik beflügelt auch der Fortschrittsmythos den Geist, weil er das Gehirn vernebelt. Dass die rationale Menschheit nicht den Anschein erweckt, als würde sie jemals am Ziel ankommen, veranlasst die Humanisten dazu, sich noch fester an ihre Überzeugung zu klammern, die Menschheit werde eines Tages von der Unvernunft erlöst werden. Wie die UFO-Gläubigen interpretieren sie dieses ausbleibende Ereignis als eine Bestätigung ihres Glaubens.

Die Wissenschaft und die Idee des Fortschritts sind scheinbar miteinander verbunden, doch das Endergebnis des Fortschritts in der Wissenschaft besteht im Nachweis, zivilisatorischer Fortschritt sei unmöglich. Wissenschaft wirkt wie Säure auf Illusionen und zersetzt sie – und zu den Illusionen, die sie auflöst, gehören auch jene des Humanismus. Das menschliche Wissen wächst, während die menschliche Irrationalität unverändert bleibt. Wissenschaftliche Forschung mag Vernunft verkörpern, doch Forschung zeigt lediglich, dass Menschen keine rationalen Tiere sind. Dass sich die Humanisten dieser Einsicht versperren, bekräftigt diese Wahrheit nur.

Scheinbar besteht auch zwischen Atheismus und Humanismus ein Zusammenhang, doch stehen sie tatsächlich in Widerspruch zueinander. Unter modernen Atheisten gilt Zweifel am Fortschritt gewissermaßen als Blasphemie. Auf die Schwächen des menschlichen Tieres hinzuweisen, ist zu einem Sakrileg geworden. Der Niedergang der Religion hat die Bedeutung des Glaubens im Denken nur gestärkt. Der Unglaube sollte heute damit beginnen, nicht die Religion, sondern den säkularen Glauben in Zweifel zu ziehen. Ein Atheismus, der sich weigert, der Menschheit zu huldigen, wäre ein echter Fortschritt; doch Sigmund Freud stieß gerade deshalb auf Ablehnung, weil er sich weigerte, dem menschlichen Tier zu schmeicheln. Es überrascht nicht, dass der Atheismus ein humanistischer Kult geblieben ist. Anzunehmen, dass man den Fortschrittsmythos abschütteln könnte, würde bedeuten, der modernen Menschheit eine Fähigkeit zur Verbesserung zuzubilligen, die noch weit über jene hinausgeht, die sie selbst für sich in Anspruch nimmt.

Moderne Mythen sind Erlösungsmythen, die in säkularen Begriffen formuliert sind. Beiden Arten von Mythen ist gemeinsam, ein unbestreitbares Bedürfnis nach Bedeutung, nach Sinn zu befriedigen. Um zu überleben, haben die Menschen die Wissenschaft hervorgebracht. Konsequent betrieben, untergräbt die wissenschaftliche Forschung den Mythos. Doch ein Leben ohne Mythos ist unmöglich, und daher wurde die Wissenschaft zu einem Kanal für Mythen – der herausragendste ist der Mythos der Erlösung durch die Wissenschaft.

Wenn die Wahrheit mit dem Sinn im Konflikt steht, geht letzterer als Sieger hervor. Warum das so ist, ist eine heikle Frage. Warum ist Bedeutung so wichtig? Warum brauchen die Menschen einen Sinn in ihrem Leben? Liegt es daran, dass sie das Leben nicht ertragen könnten, wenn sie nicht glaubten, es besitze eine verborgene Bedeutung? Oder kommt das Verlangen nach Sinn daher, dass man der Sprache zu viel Bedeutung beimisst – aufgrund der Vorstellung, unser Leben sei wie ein Buch, das wir noch nicht zu lesen gelernt haben?

2 Hinter dem letzten Gedanken

Das Hauptproblem des Humanismus besteht darin, dass er sich auf den Menschen bezieht. Zwischen dem Humanismus und etwas, das anders ist, wäre es möglich, eine annehmbare Fiktion zu erschaffen.

Wallace Stevens[1]

Freuds Zigarren und der lange Weg ins Nirwana

Mit der Entwicklung der Psychoanalyse, so glaubte Sigmund Freud, würde er eine neue Wissenschaft begründen, einen neuen Zweig der Neurologie. In Wirklichkeit aber griff er nur die uralte Forschung darüber wieder auf, wie die Menschen eigentlich leben sollten. Freud – paradoxerweise ein durch und durch moderner Denker – setzte ein Fragezeichen hinter die modernen Ideale. Ohne seinen entschiedenen Atheismus aufzugeben, formulierte er eine der zentralen Erkenntnisse der Religionen neu: Menschen sind aus der Bahn geworfene Geschöpfe. Der Erfüllung des Menschen stehen nicht nur Hindernisse in der ihn umgebenden Welt entgegen. Die Menschen bergen auch in sich selbst Regungen, die ihre Erfüllung sabotieren. Der *eros* – die Liebe oder die Schöpferkraft – ist wesentlicher Bestandteil des Menschseins; nach Freuds Ansicht aber auch der *thanatos*, der Todestrieb, der in Hass und Zerstörung seinen Ausdruck findet. Die Therapie solle diese beiden widerstreitenden Triebe nicht versöhnen oder dem einen zum Sieg über den anderen verhelfen, sondern eine geistige Veränderung herbeiführen, durch die beide Triebe akzeptiert werden können.

Freuds Glaube, der Mensch müsse eine innere Wandlung vollziehen, setzte eine Tradition fort, die es, in der einen oder anderen Form, seit Beginn der Menschheit gibt. In der gesamten Geschichte und auch in der Vorgeschichte ging man davon aus, mit dem menschlichen Tier stimme etwas nicht. Gesundheit mag der natürliche Zustand anderer Lebewesen sein, beim Menschen aber sei die Krankheit das Normale. Sich chronisch unwohl zu fühlen, sei untrennbar damit verbunden, ein Mensch zu sein. Nicht zufällig hat jede Kultur ihre eigenen Therapieformen hervorgebracht. Die Schamanen der Stammesgesellschaften wie auch die modernen Psychotherapeuten reagieren auf die gleichen Bedürfnisse und sind in der gleichen Profession tätig.

Freud wurde häufig vorgeworfen, er habe eine Kultur geschaffen, in der jede menschliche Schwierigkeit als ein Problem der psychischen Anpassung betrachtet wird. Dieser Vorwurf ist bezeichnend, belegt er doch, dass die zentrale Stoßrichtung von Freuds Werk nach wie vor auf Ablehnung stößt. Freuds Therapieansatz unterscheidet sich von früheren und von jenen, die nach ihm entwickelt wurden, dadurch, dass er nicht den Anspruch erhebt, die menschliche Seele zu heilen. Im Laufe des vergangenen Jahrhunderts begann man, gewissermaßen als Nebenwirkung der Forschungen und Arbeiten Freuds, die normalen geistigen Konflikte des Menschen als heilbare Gebrechen zu betrachten. Für Freud dagegen wird gerade die Hoffnung auf ein konfliktfreies Leben zu einem Leiden, das uns plagt. Wie alle ernsthaften philosophischen Strömungen und Religionen ging auch er davon aus, die Menschen seien kränkliche Tiere. Von all diesen Lehren hob Freud sich jedoch dadurch ab, dass er akzeptierte, es gebe keine Heilung für die menschliche Krankheit.

Es wäre nicht verkehrt, Freud als einen neuartigen Vertreter der stoischen Morallehre zu bezeichnen.[2] Seine Bilderstürmerei zeichnete sich auch dadurch aus, dass er seine Resignation als eine Tugend betrachtete. Er versuchte zwar das Individuum gegen die Welt zu stärken, doch er wusste, die Welt würde am Ende gewinnen. Wie die Stoiker akzeptierte auch er, dass Menschen nicht Herren ihres Schicksals sein können. Nicht die eigene Entscheidung, sondern das Schicksal bestimmt, wann und wo wir geboren werden, wer unsere Eltern sind, welche Umstände unser Leben formen und wie sehr wir leiden müssen. Dennoch ist ein gewisses Maß an Freiheit möglich. Der römische Stoiker Seneca definierte diese Freiheit in einem Brief folgendermaßen: »Die Freiheit ist uns verheißen: Nach diesem Preis trachtet man. Was für eine Freiheit das sei, fragst Du? Keiner Realität sich fügen, keinem Zwang, keinen Unglücksfällen, und dem Schicksal ein Unentschieden abringen.«[3]

Moderne Denker neigen zu der Ansicht, Menschen könnten ihr Schicksal frei wählen, was ungefähr darauf hinausläuft, es gebe kein Schicksal. Freud ist wie die Altvorderen dagegen der Meinung, unser Leben werde durch das Schicksal bestimmt, während er zugleich bekräftigt, dass wir durchaus selbst entscheiden können, welche Haltung wir gegenüber dem Schicksal einnehmen. Dennoch wäre es zu einfach, Freud als einen Stoiker außer der Reihe einzustufen.

Der römische Kaiser Mark Aurel (121–180 n. Chr.), der stark von der stoischen Philosophie beeinflusst war, betrachtete seine Pflichten als Bürde, tröstete sich aber mit dem Gedanken, jeder Mensch habe einen bestimmten Platz in der Ordnung der Dinge inne. Wie die Christen, die glaubten, das Universum sei von einem göttlichen Logos geschaffen worden, fand Mark Aurel seinen Frieden dadurch, dass er sich in den Kosmos ein- und ihm unterordnete. Freud dagegen war nicht bereit, sich einer außermenschlichen Ordnung zu unterwerfen, sei sie natürlicher oder göttlicher Art. Er verweigerte sich den Tröstungen der Stoiker wie auch jenen der Christen und ihrer Schüler, den humanistischen Fortschrittsgläubigen. Er akzeptierte das Chaos als den Endzustand, und darin lag seine Modernität. Zugleich ist seine Distanz zu den Idealen der Moderne offenkundig. Der Psychoanalyse wurde unterstellt, sie fördere die persönliche Autonomie, doch eher trifft das Gegenteil ist zu. In Anlehnung an den christlichen Glauben an den freien Willen vertraten die Humanisten die Auffassung, Menschen besäßen die Freiheit – oder erhielten sie eines Tages –, ihr Leben frei zu wählen. Sie vergessen dabei, dass das Selbst, das diese Wahl trifft, selbst nicht frei gewählt worden ist.

Freuds Lehre hat mit der Hilflosigkeit, die alle Menschen als Kinder erfahren, ebenso viel zu tun wie mit der unterdrückten Sexualität. Unsere frühkindlichen Erfahrungen hinterlassen unauslöschliche Spuren. Durch die Psychotherapie können diese Spuren deutlicher erkannt werden, beseitigen lassen sie sich aber nicht. Das Endziel der Psychoanalyse – die ein langwieriger Prozess ist, wie Freud betonte – ist das Akzeptieren des persönlichen Schicksals.

Das klingt ähnlich wie in der stoischen Philosophie. Doch Freud lehnte nicht nur die Haltung der Stoiker zum Universum ab, er wies auch die stoische Ethik zurück. Für Stoiker wie Mark Aurel war ein gutes Leben ein tugendhaftes. Es war undenkbar, gegen die moralischen Prinzipien zu verstoßen, um ein besseres Leben führen zu können, denn die Gebote und Verbote der Moral waren die Gesetze des Universums, umgesetzt in Verhaltensregeln. Freud aber glaubte nicht an einen von Gesetzen beherrschten Kosmos, sondern nahm eine andere Sichtweise ein. Moral war für ihn eine Reihe menschlicher Konventionen, die man missachten oder verändern konnte, wenn sie einem befriedigenderen Leben entgegenstanden. Nicht nur das Unbewusste musste beherrscht werden, ebenso das Über-Ich, jener Teil des menschlichen Geistes, der als Gewissen bezeichnet wurde und der in seiner Gänze als »gut« aufgefasst wurde. Dieses Über-Ich verinnerlicht die Normen und Wertvorstellungen des kulturellen Umfelds. Nach Freuds Ansicht jedoch kann sich ein Mensch erst dann als Individuum betrachten, wenn er einen gewissen Abstand zur »Moral« gewonnen hat.

Nüchterner als Nietzsche stellte sich Freud eine Lebensform vor, die »jenseits von Gut und Böse« ist. In einem Brief an einen Kollegen erläuterte Freud, welche Eigenschaften ein Psychoanalytiker brauche, und erklärte, ein guter Psychoanalytiker dürfe nicht allzu moralisch sein: »Ich meine also, die Analyse leidet an dem Erbübel der – Tugend; sie ist das Werk eines zu anständigen Menschen ...; man muß ein schlechter Kerl werden, sich hinaussetzen, preisgeben, verraten, sich benehmen wie ein Künstler, der für das Haushaltungsgeld der Frau Farben kauft oder mit den Möbeln für das Modell einheizt. Ohne ein solches Stück Verbrechertum gibt es keine richtige Leistung.«[4]

Eines der Ziele der Psychoanalyse bestand in der Zähmung der Moral. Nicht nur archaische Triebe, auch das moralische Empfinden musste dem Verstand untergeordnet werden. Doch die Diktatur des Verstandes konnte niemals vollständig sein. Wenn sich unsere Triebe untereinander im Konflikt befinden, dann stehen sie auch im Widerspruch zu den Forderungen des Gewissens, die sich auch selbst oft im Widerstreit befinden. Die Stärke des Ich zeigt sich nicht darin, dass es diese Konflikte zu befrieden versucht, sondern dass es mit ihnen zu leben lernt. Der Mensch solle lernen, sein persönliches Schicksal zu akzeptieren. Schicksalsergebenheit hatte für Freud allerdings nichts mit Passivität zu tun.

In gewisser Weise ähnelt Freuds Sichtweise des menschlichen Lebens jener des deutschen Philosophen Arthur Schopenhauer aus dem 19. Jahrhundert. Freud lernte Schopenhauers Schriften nach eigener Aussage erst sehr spät kennen und räumte ein, Schopenhauer habe bereits die grundlegenden Erkenntnisse der Psychoanalyse vorweggenommen, als er schrieb: »Die wenigsten Menschen dürften sich klargemacht haben, einen wie folgenschweren Schritt die Annahme unbewußter seelischer Vorgänge für Wissenschaft und Leben bedeuten würde. Beeilen wir uns aber hinzuzufügen, daß nicht die Psychoanalyse diesen Schritt zuerst gemacht hat. Es sind namhafte Philosophen als Vorgänger anzuführen, vor allem der große Denker Schopenhauer, dessen unbewußter ›Wille‹ den seelischen Trieben der Psychoanalyse gleichzusetzen ist.«[5] Schopenhauer erkannte ebenfalls die Sexualität als die wichtigste Triebkraft im menschlichen Leben. »Die Geschlechtsliebe [ist] das letzte Ziel fast jeden menschlichen Bestrebens«, schrieb Schopenhauer. Sie verstehe es, »ihre Liebesbriefchen und Haarlöckchen sogar in ministerielle Portefeuilles und philosophische Manuscripte einzuschieben ...«[6] Alle diese Beobachtungen hätten auch von Freud formuliert werden können.

Beide Denker brachen mit der vorherrschenden abendländischen Tradition, indem sie anerkannten, nicht das Bewusstsein bestimme das menschliche Leben. Dem, was wir als unsere Entscheidungen betrachten, liegt der unbewusste Wille zugrunde, der uns beherrscht. Im Grunde genommen ist die Welt an sich Wille, ein Energiefeld, das sich in körperlichen Begierden ausdrückt. In Anlehnung an einen früheren Kollegen, den »wilden Psychoanalytiker« Georg Groddeck, bezeichnete Freud diesen inneren Energiefluss als Es. Groddeck hatte den Begriff von Nietzsche übernommen, und dieser hatte den Gedanken bei Schopenhauer gefunden. Das »Es« von Freud ist der »Wille« von Schopenhauer, eine metaphysische Kategorie, die in eine psychologische Theorie umgewandelt wurde.

Für Schopenhauer wie für Freud ist die Welt Schauplatz eines immerwährenden Kampfes. Doch Schopenhauer eröffnet eine Möglichkeit der Erlösung, und an dieser Stelle scheiden sich beider Wege. Schopenhauer betrachtete zwar die menschliche Selbstbestimmung als eine Illusion, zugleich aber hielt er daran fest, dass eine Befreiung von dieser Illusion möglich sei. Die Erlösung besteht darin, das Ich abzuschütteln und dadurch eine Art des Lebens zu ermöglichen, die auf einem »ozeanischen Gefühl des Einsseins« beruht.

Diesen Traum von Erlösung teilte Freud nicht. Die Aussicht, der Illusion zu entfliehen, die Schopenhauer postulierte, sei selbst eine Illusion, meinte er. Das ozeanische Gefühl sei zwar real, könne aber keine Grundlage für das Leben sein. Mochten die Menschen auch Momente der Befreiung erleben, so seien sie doch zu einem Leben immerwährenden Kampfes verurteilt. Das Gefühl des Einsseins strahlte für ihn keinen Zauber aus. »Wo Es war, soll Ich werden«, schrieb er.[7] Das menschliche Leben betrachtete er als eine gewundene Straße in den Tod. Doch bis wir unser Ziel erreichen, stehen wir in einem Kampf.

Eine bestimmte Art von Resignation bildete den Kern von Freuds Ethik. Doch die Resignation, die er empfahl, war das Gegenteil einer Unterwerfung unter die Welt. Er glaubte nie daran, dass das Selbst mit irgendeiner Art von kosmischer Ordnung verschmelzen würde. Resignation bedeutete, die Tatsache des letztendlichen Chaos zu akzeptieren. Wie die Stoiker wusste auch Freud, dass man sich von vielem lossagen müsse, wenn der Geist nicht stets taumeln und schwanken sollte. Doch sein Ziel war nicht jene Seelenruhe, die Mark Aurel anstrebte – und vermutlich niemals erlangte. Vielmehr hielt Freud ein Leben für erstrebenswert, das auf der An- und Hinnahme der ewigen Unrast beruhte. Resignation bedeutete nicht, das Selbst so weit zurückzunehmen, dass ihm das Schicksal nichts mehr anhaben könne. Das Selbst solle gefestigt werden, damit der Mensch sich gegen das Schicksal behaupten kann.

Freud praktizierte diesen aktiven Fatalismus auch in seinem privaten Leben. Nachdem Österreich 1938 von deutschen Truppen besetzt worden war, entschloss er sich, sein Heimatland zu verlassen. Um ausreisen zu dürfen, musste er schriftlich bestätigen, dass man ihm die Möglichkeit gegeben habe, seiner Tätigkeit »ganz meinen Wünschen entsprechend frei nach[zu]gehen«, und dass er »nicht den geringsten Grund zu einer Beschwerde« habe. Freud unterschrieb die Erklärung und fügte sarkastisch hinzu: »Ich kann die Gestapo jedermann aufs beste empfehlen.«[8] Er ließ sich zu dieser kühnen, herausfordernden Geste verleiten, weil er darauf setzte, dass die Gestapo nicht begreifen würde, dass er sich über sie lustig machte.

Ähnliches galt in anderer Hinsicht auch für Freuds Weigerung, auf seine Zigarren zu verzichten. Bis in seine letzten Lebensjahre, zunächst in Wien, dann in London, setzte er das Rauchen fort – »Schutz und Waffe im Kampf mit dem Leben«[9] –, obwohl ihm im Zuge seiner Krebsbehandlung eine schmerzhafte Kieferprothese eingesetzt worden war, die er erst aufhebeln musste, um sich eine Zigarre in den Mund schieben zu können. Am Ende konnte er nicht mehr rauchen und beschrieb sein Leben als »eine kleine Insel Schmerz schwimmend auf einem Ozean der Indifferenz«.[10] Als sich Freuds treuer Schüler Ernst Jones von dem Sterbenden verabschieden wollte, »öffnete [Freud] die Augen, erkannte mich und hob die Hand zum Gruß, dann ließ er sie mit einer überaus ausdrucksvollen Geste fallen«. Es war eine Geste, schrieb Jones, »in der so vieles lag: Grüße, Lebewohl, Resignation. Sie besagte denkbar deutlich: ›Der Rest ist Schweigen.‹«[11] Ein paar Tage später wurde dem Todkranken von seinem Arzt, wie dieser versprochen hatte, die gewünschte tödliche Dosis Morphin verabreicht, die Freuds Leiden ein Ende setzte.

Freud verzichtete nicht auf Vergnügen, um sich Schmerzen zu ersparen. Besser, die Freuden genießen bis zum Ende, mochte er sich wohl gedacht haben, als ein ruhiges Leben ohne Schmerzen führen. Als seine Krebserkrankung unerträglich wurde, entschloss er sich zum begleiteten Suizid. Sein Leben war ein Beispiel für einen menschlichen Willen, der sich gegen das Schicksal behauptete. Doch glaubte er nie, man könne das Schicksal überwinden, weshalb dieser äußerst willensstarke Mensch zur Resignation riet.

Der Begründer der Psychoanalyse wird als Erfinder einer Therapie für moderne Leiden betrachtet, während er in Wirklichkeit moderne Gesundheitsmythen untergrub. Freud vertrat allerdings nicht die Meinung, der menschliche Geist könne von Mythen entleert werden. Die Psychoanalyse war selbst eine Art von Mythologie – »unsere mythologische Trieblehre« –, wie Freud es in einem Briefwechsel mit Einstein über die Ursachen von Kriegen ausdrückte. Freud schreibt, der Todestrieb – ein Trieb, der »innerhalb jedes lebenden Wesens arbeitet und dann das Bestreben hat, es zum Zerfall zu bringen, das Leben zum Zustand der unbelebten Materie zurückzuführen« – sei möglicherweise ein Mythos. »Vielleicht haben Sie den Eindruck, unsere Theorien seien eine Art von Mythologie«, schrieb er an Einstein, »nicht einmal eine erfreuliche in diesem Fall.« Dann fragt er Einstein: »Aber läuft nicht jede Naturwissenschaft auf eine solche Art von Mythologie hinaus? Geht es Ihnen heute in der Physik anders?«[12]

Freuds Eingeständnis, die Psychoanalyse sei eine Art von Mythos, wurde von dem spanisch-amerikanischen Philosophen George Santayana aufgegriffen. In einem Essay mit dem Titel »Ein langer Weg zum Nirwana« (1933) setzte sich Santayana mit Freuds Gedanken auseinander, das Leben des

Menschen werde von den widerstreitenden Trieben *eros* und *thanatos* bestimmt:

> Diese neuen Mythen von Freud über das Leben, wie auch seine früheren über die Träume, sollten dazu dienen, uns über uns selbst aufzuklären, uns aber auch in starkem Maße zu zügeln. Der menschliche Geist steckt in Schwierigkeiten, sobald er erwacht; er ist belastet, aus Gründen, die er nicht zu bestimmen weiß, mit Ängsten aller Art über Nahrung, Zwänge, Lärm und Schmerzen. Er ist, wie ein anderer Mythos besagt, in der Ursünde geboren ... Diese Erkenntnis ist auch in einem anderen weisen Mythos enthalten, der seit undenklichen Zeiten in Indien die Moral und die Religion inspiriert: Ich meine die Lehre vom Karma. Wir werden mit einem Erbe geboren, besagt sie, mit einem Wesen, das uns auferlegt wurde, und einer langfristigen Aufgabe, die uns zugewiesen wurde, aufgrund der Unwissenheit, die uns in unseren früheren Leben zu Handlungen verschiedenster Art veranlasst hat ... Manche Philosophen, die sich selbst nicht kennen, glauben, dass die Variationen und die Verstrickungen, die uns die Zukunft bringen mag, Manifestationen des Geistes seien; sie werden den Lebewesen jedoch, worauf Freud hingewiesen hat, durch äußeren Druck aufgezwungen und nehmen im Bereich des Materiellen Gestalt an ... Tief und dunkel, wie die Seele erscheinen mag, wenn man sie von außen betrachtet, ist sie doch etwas vollkommen Natürliches; und dieselbe Erkenntnis, die unsere unterdrückten jungen Leidenschaften zutage fördern und unsere hartnäckigen schlechten Gewohnheiten zu verbannen vermag, kann uns zeigen, wo unser wahres gutes Leben liegt. Die Natur hat uns unseren Weg vorgezeichnet; auf ihm gibt es Fallen, aber auch Primeln, und er führt zum Frieden.[13]

Santayana zitiert *Jenseits des Lustprinzips* (1920), wo Freud ausführt, der Todestrieb bestimme jede lebende Substanz: »Ein Trieb wäre also ein dem belebten Organischen innewohnender Drang zur Wiederherstellung eines früheren Zustandes ... Der konservativen Natur der Triebe widerspräche es, wenn das Ziel des Lebens ein noch nie zuvor erreichter Zustand wäre. Es muß vielmehr ein alter, ein Ausgangszustand sein, den das Lebende einmal verlassen hat, und zu dem es über alle Umwege der Entwicklung zurückstrebt ... Das Ziel alles Lebens ist der Tod ...«.[14]

Diese Ausführungen betrachtete Santayana als Beleg dafür, dass Freud einem neuen Mythos Ausdruck verliehen habe. Der Gedanke, dass Organismen leben, um zu sterben, ist keine Aussage, die von der Wissenschaft bewiesen oder widerlegt werden kann. Die Methode der modernen Wissenschaft ist darauf gerichtet, die Welt zu verstehen und zu erklären, ohne auf irgendwelche Ziele oder Zwecke abzuheben. Aber dennoch, fährt Santayana fort,

> ist die Vermutung wahr, die Freuds Spekulationen nahelegt. Auf welche Weise können Mythen wahr oder falsch sein? In dem Sinne, dass sie, in Begriffen, die moralischen Kategorien oder der literarischen Psychologie entlehnt sind, die allgemeine Bewegung und die grundlegenden Zusammenhänge der materiellen Gegebenheiten zum Ausdruck bringen und uns durch ihr Vorhandensein wichtige Erkenntnisse vermitteln. In diesem Sinne, möchte ich sagen, war die griechische Mythologie wahr und die calvinistische Theologie falsch. Die zentralen Begriffe der Psychoanalyse waren stets metaphorischer Natur: »unbewusste Wünsche«, »Lustprinzip«, »Ödipus-Komplex«, »Narzissmus«, »Zensur«; dennoch eröffnen sich interessante und grundlegende Ausblicke, und es kann ein neuer Anfang

gemacht werden mit weniger Belastungen und geringerer morbider Befangenheit.[15]

Orientiert man sich an Santayanas Unterscheidungen, ist Freuds Mythologie des Todestriebs in dem Sinne wahr, wie die griechischen Mythen wahr sind, während der moderne Fortschrittsmythos falsch ist in dem Sinne, wie auch die calvinistische Theologie falsch ist. Freuds Mythologie, die ähnlich archaisch klingt wie die griechischen Mythen – in der vornehmen Gesellschaft wagt es heute niemand mehr, von Trieben zu sprechen –, erfasst Grundzüge der menschlichen Erfahrung, die dauerhaft und universal sind. Natürlich sind Freuds Ideen ein System von Metaphern. Das gilt für jeden menschlichen Diskurs, auch wenn es sich nicht um die gleiche Art von Metaphern handelt. Die Wissenschaft unterscheidet sich nicht dadurch vom Mythos, dass sie in wörtlichem Sinne wahr und der Mythos nur eine Art poetische Analogie wäre. Ihre Ziele sind verschieden, doch beide setzen sich aus Symbolen zusammen, die wir heranziehen, um in einer trügerischen, schwer greifbaren Welt zurechtzukommen.

Bei der Begründung der Psychoanalyse wurde Freud von dem Gedanken geleitet, das menschliche Verhalten könne wie alle anderen Naturphänomene untersucht werden. Doch das Ergebnis seiner Arbeit besteht darin, uns eingestehen zu müssen, dass wir über uns selbst nur sehr begrenzt Bescheid wissen. Geprägt von einem animalischen Lebenskampf, ist die menschliche Weltsicht willkürlich und schief. Wissenschaft könnte allenfalls eine Abfolge glücklicher Irrtümer sein. Noch problematischer ist die Selbsterkenntnis: Erfahren wir etwas Neues über einen Stern, verändert sich dieser Stern nicht; entdecken wir aber etwas Neues über uns selbst, verändern wir die Persönlichkeit, die wir geworden sind.

Das sollte uns nicht entmutigen, meint Freud. Wenn wir

etwas von dem wiedergewinnen können, was verloren gegangen ist, werden wir uns selbst anders sehen. Anhand der Bruchstücke, die aus einer Vergangenheit auftauchen, die unterdrückt wurde, können wir uns andere Leben vorstellen, die wir auch hätten führen können. Darunter könnte sich auch eines befinden, das wir zumindest für eine Weile als das eigene annehmen können. Zu lernen, wie man geworden ist, was man ist, bedeutet, die eigene Gestalt verändern zu können, während man voranschreitet.

Von Illusionen zu Fiktionen

Freuds Eingeständnis, dass die Psychoanalyse – zumindest zum Teil – eine Übung in Mythenbildung ist, zeigt, wie weit er vom Hauptstrom der westlichen Philosophie entfernt war, insbesondere von Schopenhauer. Während er bestritt, die Vernunft könne jemals das menschliche Leben leiten, war Schopenhauer dennoch ein Metaphysiker in der klassischen Tradition. Auch wenn nahezu alles, was gesagt werden konnte, negativ war, wollte Schopenhauer etwas über die Welt an sich aussagen. Im Gegensatz dazu vermied Freud, dessen Denken von der postmetaphysischen Wiener Philosophie geprägt war, wie sie etwa der Physiker Ernst Mach (1838–1916) vertrat, Behauptungen über die Dinge an sich aufzustellen.

Mach gehörte zu den Wegbereitern des Logischen Positivismus, einer philosophischen Strömung, die die Wissenschaft als Modell für jede Art von menschlichem Wissen betrachtete. Nach Machs Auffassung sind ihre Sinneseindrücke oder Empfindungen das Einzige, was Menschen über sich wissen können, und darauf baut das Gebäude der Wissenschaft auf. Freud teilte Machs Ansicht und wollte ebenfalls Wissenschaftler sein. Doch im Kern dieser Philosophie gibt es eine Spannung, die Freud übernahm und die er nie ganz auflösen konnte. Nach Machs Auffassung war die Wissenschaft ein Werkzeug, um das Chaos der menschlichen Empfindungen zu ordnen. Doch wenn sie diese Funktion erfüllt, unterscheidet sich die Wissenschaft nicht grundsätzlich von anderen Denkweisen. Und dann können Wissenschaft und Mythos, obwohl sie in gewisser Weise unterschiedlich sind, nicht grundsätzlich im Konflikt miteinander stehen.

Als Freud die Wissenschaft dem Mythos entgegenstellte, übersah er die Tatsache, die er später in seiner Diskussion mit Einstein ins Feld führte: Wissenschaft und Mythos sind jeweils Methoden des Umgangs mit dem Chaos der Empfindungen. Er glaubte weiterhin, nur die Wissenschaft könne etwas hervorbringen, das man als Wissen bezeichnen konnte. Zugleich gelangte er zu der Auffassung, Illusionen seien nicht lediglich Irrtümer. Da sie das menschliche Bedürfnis nach Sinn befriedigt, hat die Illusion einen Platz im Leben, ebenso der Mythos. Auch die Wissenschaft besitzt einige Kennzeichen der Mythologie. Wenn dem so ist, dann ist es unmöglich, den Geist vom Mythos zu befreien, was Freud zeitweilig als das Ziel der Psychoanalyse betrachtete. Ein Leben ohne Mythos ist selbst der Stoff eines Mythos.

Den größten Teil seines Lebens bemühte sich Freud, die Grenzen des Bewusstseins zu erweitern. Die Religion war für ihn dabei das wichtigste Beispiel für das Illusionbedürfnis des Menschen. Später erkannte Freud jedoch, dass die Illusion der Religion Wahrheiten enthält, die nicht auf andere Weise vermittelt werden können. In *Die Zukunft einer Illusion* (1927) schrieb Freud:

> Eine Illusion ist nicht dasselbe wie ein Irrtum, sie ist auch nicht notwendig ein Irrtum ... Wir heißen also einen Glauben eine Illusion, wenn sich in seiner Motivierung die

Wunscherfüllung verdrängt, und sehen dabei von seinem Verhältnis zur Wirklichkeit ab, ebenso wie die Illusion selbst auf ihre Beglaubigungen verzichtet.

Wenden wir uns nach dieser Orientierung wieder zu den religiösen Lehren, dürfen wir wiederholend sagen: Sie sind sämtlich Illusion, unbeweisbar ... Einige von ihnen sind so unwahrscheinlich, so sehr im Widerspruch zu allem, was wir mühselig über die Realität der Welt erfahren haben, daß man sie – mit entsprechender Berücksichtigung der psychologischen Unterschiede – den Wahnideen vergleichen kann. Über den Realitätswert der meisten von ihnen kann man nicht urteilen. So wie sie unbeweisbar sind, sind sie auch unwiderlegbar. Man weiß noch zu wenig, um ihnen kritisch näherzurücken. Die Rätsel der Welt entschleiern sich unserer Forschung nur langsam, die Wissenschaft kann auf viele Fragen heute noch keine Antwort geben. Die wissenschaftliche Arbeit ist aber für uns der einzige Weg, der zur Kenntnis der Realität außer uns führen kann.[16]

Zu diesem Zeitpunkt konnten Wissenschaft und Religion in Freuds Denken nur Konkurrenten sein. Wenn die Wissenschaft dem Bedürfnis nach Wissen dient, dann erfüllt Religion das Bedürfnis nach Sinn. Illusionen mögen nützlich sein, vielleicht für den Menschen sogar unverzichtbar. Aber dadurch werden sie nicht wahr, beharrte Freud. Er lehnte die Philosophie des »Als ob« ab, die sein Zeitgenosse Hans Vaihinger in seinem Werk *Die Philosophie des Als Ob* entwickelte hatte und für die das gesamte menschliche Denken nur aus Fiktionen besteht. Diese Ansatz führe aus,

daß es in unserer Denktätigkeit reichlich Annahmen gibt, deren Grundlosigkeit, ja deren Absurdität wir voll einsehen. Sie werden Fiktionen geheißen, aber aus mannigfa-

> chen praktischen Motiven müßten wir uns so benehmen, »als ob« wir an diese Fiktionen glaubten. Dies treffe für die religiösen Lehren wegen ihrer unvergleichlichen Wichtigkeit für die Aufrechterhaltung der menschlichen Gesellschaft zu. Diese Argumentation ist von dem »*Credo quia absurdum*« nicht weit entfernt. Aber ich meine, die Forderung des »Als ob« ist eine solche, wie sie nur ein Philosoph aufstellen kann. Der durch die Künste der Philosophie in seinem Denken nicht beeinflußte Mensch wird sie nie annehmen können, für ihn ist mit dem Zugeständnis der Absurdität, der Vernunftwidrigkeit, alles erledigt.[17]

Etwas glauben zu sollen oder zu wollen, gerade weil es absurd ist – was der christliche Theologe Tertullian im 3. Jahrhundert durch den Satz *Credo, quia absurdum est* (Ich glaube, weil es widersinnig ist) zum Ausdruck brachte und hier von Freud zitiert wird –, das ist in sich selbst absurd und übt eine bewusste Selbsttäuschung ein, die zum Scheitern verurteilt ist.

Wie können wir auf der Grundlage von Fiktionen leben? Nach Freuds Ansicht ist das unmöglich: »Nein, unsere Wissenschaft ist keine Illusion. Eine Illusion aber wäre es zu glauben, daß wir anderswoher bekommen könnten, was sie uns nicht geben kann.«[18] In der positivistischen Philosophie, der sich Freud hier anschließt, sind Mythen primitive Theorien, die durch die Wissenschaft widerlegt wurden. Doch der Unterschied zwischen Mythen, Illusionen und Fiktionen auf der einen Seite und der Wissenschaft auf der anderen ist weniger eindeutig, auch in Freuds Denken, als er glaubte.

Freud beharrt unnachgiebig darauf, Wissenschaft sei nicht Fiktion, und es stimmt auch, dass zu den Methoden der Wissenschaft die Falsifizierung gehört – der systematische Versuch zu zeigen, dass eine Theorie im Irrtum ist –, während

Mythen und Fiktionen weder wahr noch falsch sein können. Doch die Geschichte der Wissenschaft hat uns klargemacht, dass auch die am gründlichsten überprüften Theorien noch Fehler oder Irrtümer enthalten. Zweifellos sind die Theorien, auf die wir uns stützen, jene, die unserer Meinung nach am nächsten an der Wahrheit sind, aber wir wissen nicht, welche Teile von ihnen wahr sind und welche nicht. Aber dennoch verwenden wir sie. Es wurde behauptet, Mythen seien Fiktionen, deren menschliche Urheberschaft nicht anerkannt wird.[19] Doch auch wissenschaftliche Theorien können zu Mythen werden, wenn ihre fiktiven Eigenschaften in Vergessenheit geraten.

Vaihinger, der als Erster die Auffassung vertrat, das gesamte menschliche Denken bestehe aus Fiktionen, unterschied deutlich zwischen den Fiktionen der Wissenschaft und jenen der Poesie und der Religion:

> Nachdem wir so innerhalb der Fiktionen selbst die Unterschiede normiert haben, müssen wir auch die Grenzen der wissenschaftlichen Fiktion demgegenüber abstecken, was man sonst noch mit dem Ausdrucke »Fiktion« zu bezeichnen pflegt.
>
> *Fictio* heißt zunächst die Tätigkeit des *fingere,* also des Bildens, Formens, Gestaltens, Bearbeitens, Darstellens, künstlerischen Formierens; das sich vorstellen, denken, einbilden, annehmen, entwerfen, ersinnen, erfinden. Zweitens bezeichnet es das Produkt dieser Tätigkeiten, die fingierte Annahme, die Erdichtung, Dichtung, den erdichteten Fall. Das freigestaltende Moment ist dabei das hervortretendste Merkmal.
>
> Insofern die Mythologie als gemeinsame Mutter von Religion, Poesie, Kunst und Wissenschaft zu betrachten ist, tritt in ihr zuerst die freigestaltende Tätigkeit, die Einbil-

> dungskraft hervor, die Imagination, die Phantasie. In ihr zuerst entstehen Produkte der Phantasie, denen kein Wirkliches entspricht.[20]

Akzeptieren wir Vaihingers Darstellung, dann sind Wissenschaft und Mythos nicht ein und dasselbe: Ihre Methoden sind unterschiedlich, und auch die Bedürfnisse, denen sie entgegenkommen. Doch Wissenschaft und Mythos ähneln einander auch als Notbehelfe, um Menschen vor einer Welt zu schützen, die ihnen unbekannt bleiben muss. Die verbindliche Unterscheidung zwischen Wissenschaft und anderen Denkweisen, an der Freud festhalten wollte, erweist sich als verzerrt und veränderlich.

Dass Freud mit wechselnden Unterscheidungen zwischen Wissenschaft und Religion hantierte, zeigt, wie instabil die Grenzen zwischen ihnen geworden waren. Er ließ sich niemals von einer Religion in Versuchung führen. Sein Atheismus, verbunden mit seinem Misstrauen gegen moderne Ideale, war fest verankert. Dennoch gelangte er zu der Ansicht, die Religion spiele eine unverzichtbare Rolle in der Entwicklung des Menschen – und nicht zuletzt auch in der Entwicklung der Psychoanalyse. In *Der Mann Moses und die monotheistische Religion* (1939), seinem letzten Buch, äußerte Freud die Meinung, unser Wissen über das Unbewusste sei dem Monotheismus geschuldet. Wenn die Psychoanalyse eine Wissenschaft ist, dann ist sie eine Wissenschaft, die ihre Existenz der größten Illusion von allen verdankt.

Freuds Darstellung der Religionsgeschichte ist erfrischend unorthodox. Das Christentum, das gewöhnlich als ein Fortschritt im menschlichen Denken betrachtet wird, so behauptet Freud, bedeute eine Regression. Mit seinem Verbot der bildlichen Darstellung von Gottheiten ermöglichte das Judentum die Entstehung der Idee von einer unsichtbaren

Wirklichkeit. Eine Art von Innenschau wurde möglich, die es vorher noch nicht gegeben hatte. Wenn Gott unsichtbar ist, muss die innere Welt für uns ebenso unbekannt sein wie der unsichtbare Gott. Das Christentum brachte schließlich die Vorstellung auf, dass Gott den Menschen ähnlich ist – dass er sogar, im Mythos der Fleischwerdung, einer von ihnen wird. Gott war von nun an keine unsichtbare Gegenwart mehr, sondern eine göttliche Figur, die man erkennen und über die man ebenso viel wissen konnte wie über sich selbst. Ein Großteil unserer verborgenen Innenwelt ging dadurch verloren.

Ein weiteres Hindernis stellte die sokratische Tradition dar. Die Art von Selbsterforschung, die Sokrates forderte, unterscheidet sich deutlich von jener, die in der Psychoanalyse praktiziert wird. Wie von Plato dargestellt, glaubte Sokrates, der menschliche Geist folge wie der Kosmos den Gesetzen der Logik und der Ethik: Wenn man sich selbst erkennt, muss man gut sein. Freud geht nicht von einer solchen Annahme aus. Das verborgene Wirken des Geistes wird nicht von der Logik bestimmt oder beeinflusst – das Es, erklärt Freud, weiß nichts von dem Gesetz, das Selbstwiderspruch verbietet – und verhält sich gleichgültig gegenüber richtig und falsch. Wenn die sokratische Selbsterforschung den Anspruch erhebt, der Suche nach der Wahrheit zu dienen, arbeitet sie an der Entstehung eines Mythos.

Freuds Attacke auf die Illusion zielte zwar auf die Religion, aber sein impliziter Angriff auf die säkulare Mythologie war noch schärfer. Der Fortschrittsmythos ist die wichtigste Tröstung der modernen Menschheit. Freud wollte aber keine weitere Version einer Tröstung bereitstellen. Wenn Freud ein Ziel verfolgte, so bestand es wohl darin, zu erforschen, was es bedeuten würde, ohne Tröstungen zu leben. Freud ist der Denker, der die Frage stellt: Wie können moderne Menschen ohne moderne Mythen leben?

Die höchste Fiktion

Das Ende des Denkens setzt anscheinend auch dem Zweifel ein Ende. Angesichts dessen schlug der Dichter Wallace Stevens vor, wir sollten unsere Hoffnung auf Fiktionen setzen: »Der letzte Glaube ist der Glaube an eine Fiktion, von der man weiß, dass sie eine Fiktion ist und dass es nichts anderes gibt. Die höchste Wahrheit besteht darin zu wissen, dass es eine Fiktion ist, und bereitwillig an sie zu glauben.«[21]

Stevens widmete eines seiner bedeutendsten Gedichte der Suche danach, was dies bedeuten könnte. »Notes toward a Supreme Fiction« ist keine Argumentationskette. Dem Dichter geht es nicht darum, andere zu überzeugen. Stevens wirft ein Thema auf, das er als die zentrale Frage des Denkens betrachtete:

Es muss
Möglich sein ...
Das Wahre zu finden,
Das jeder Fiktion entkleidet ist, außer einer
Der Fiktion eines Absoluten ...[22]

Jeder Fiktion entkleidet zu sein außer der Fiktion eines Absoluten, das bedeutet, dass der Geist an einem Punkt angekommen ist, »jenseits dessen das Denken nicht als Denken fortgesetzt werden kann«.[23] An diesem Punkt, so will Stevens anscheinend sagen, muss man schlicht eine Wahl treffen. Aber wie kann man zwischen Fiktionen wählen? Wie kann jemand an etwas glauben, von dem er weiß, dass es nicht wahr ist? Wie Freud darlegte, ist die bewusste Entscheidung für eine Fiktion dem Tertullian zugeschriebenen *Credo quia absurdum* vergleichbar: Ich glaube, weil es unvernünftig ist. Freud hielt eine solche Wahl für unmöglich. Doch ein Leben, das auf Fiktionen beruht, kann nicht unmöglich sein, denn wir führen tagtäglich ein solches Leben. Wir entscheiden uns vielleicht nicht bewusst für die Fiktionen, nach denen wir leben. Dennoch wendet sich unser Leben immer wieder Fiktionen zu.

Das Verwirrende liegt in der Idee des Glaubens. Wir denken, unser Leben beruhe auf Überzeugungen über uns selbst und die Welt: Die Wissenschaft ist eine Suche nach wahren Überzeugungen, und Religion ist die Summe unserer Überzeugungen über die letzten Wahrheiten. In dieser Denkhaltung, einem Relikt der westlich-abendländischen Philosophie, spielt der Glaube eine entscheidende Rolle. Auch Stevens erliegt dieser überkommenen Verwirrung, wenn er schreibt, man könne willentlich an eine Fiktion glauben. Er wollte »an dem angenehmeren Wissen festhalten, dass das, woran man glaubt, nicht wahr ist«.[24] Doch Fiktionen sind keine bewussten Unwahrheiten. Als Produkte der Phantasie sind sie weder wahr noch falsch. Wir kommen nicht aus ohne eine Idee von Wahrheit. Die Dinge gehen ihren eigenen Gang, was immer wir davon halten mögen. Doch wir können leben, ohne zu glauben, dass unsere Fiktionen Tatsachen sind. Wir müssen nicht ständig unsere Sicht der Dinge verändern oder anpassen, um eine unstimmige Welt auszusperren

Eine ängstliche Bindung an den Glauben ist die größte Schwäche des westlichen Geistes. Das ist eine tief verwurzelte Fixierung, die bis zu Sokrates zurückgeht, dem Begründer der Philosophie – zumindest wie wir es (und ihn) heute verstehen. Doch außerhalb einiger Strömungen der westlichen Religion und der humanistischen Nachfolger des Monotheismus ist der Glaube nicht die Grundlage der Praxis. Religionen haben hoch entwickelte Denksysteme hervorgebracht, wie etwa den Vedanta, die buddhistische Dialektik und die Kabbala, doch diese sind keine Entschuldigungen für den Glauben.

Sofern Religionen einem praktischen Zweck dienen, besteht dieser darin, auf Wirklichkeiten hinzuweisen, die sich nicht durch einen Glauben fassen lassen. In dieser Hinsicht ähneln sie Stevens' Fiktionen.

Eine höchste Fiktion, erklärt uns Stevens, muss mehrere Eigenschaften aufweisen: Sie muss abstrakt sein, sich verändern und Vergnügen bereiten. Das sind interessante Anforderungen. Auch wenn sie sich im Laufe der Zeit entwickeln, gelten Mythen dennoch als zeitlos. Warum sollte man also nicht das Offenkundige eingestehen, fragt Stevens, und akzeptieren, dass Fiktionen, die unser Leben prägen, ebenso veränderlich sind wie das Leben selbst? Es mag seltsam erscheinen, von einer Fiktion zu verlangen, dass sie Vergnügen bereiten soll. Aber warum sonst sollte jemand sie zu einem Teil seines Lebens machen? Eine Fiktion ist nichts, das einer Rechtfertigung bedarf. Wenn sie einem zusagt, akzeptiert man sie freiwillig. Andere Leute können es halten, wie es ihnen beliebt.

Die höchste Fiktion ist nicht ein letzter, höchster Glaube, sondern die Aktivität des Hervorbringens von Fiktionen, die Stevens Dichtung nennt. Fiktionen können nicht nach Belieben erschaffen werden. Könnte man sie nach Gutdünken entstehen lassen, dann könnten wir sie auch wieder aufgeben, wann immer wir es für nötig halten: Das ist das Projekt des Humanismus. Doch obwohl die Fiktionen, nach denen wir leben, menschliche Schöpfungen sind, entziehen sie sich der Kontrolle des Menschen. Wie der goldene Vogel, der in Stevens' Gedicht »Of Mere Being« (Vom bloßen Sein) in den Palmen singt, stehen sie

am Ende des Bewusstseins,
hinter dem letzten Gedanken …
Der Vogel singt. Sein Gefieder glänzt.[25]

Das bloße Sein, von dem Stevens spricht, ist die reine Leere, auf die unsere Fiktionen bisweilen verweisen. Unsere wichtigsten Fiktionen, die jenseits des Erkennens und Begreifens entstehen, sind eine Art von Schicksal; aber nicht ein Schicksal, das für alle gleich ist. Keine Fiktion kann für jeden für immer und ewig die höchste sein, nicht einmal für einen Einzelnen. Die höchste Fiktion ist keine lohnende, besitzenswerte Idee, denn eine solche Idee gibt es nicht.

Einzugestehen, dass unser Leben von Fiktionen geprägt ist, kann uns eine gewisse Art von Freiheit vermitteln – möglicherweise die einzige Freiheit, die Menschen erlangen können. Wenn wir akzeptieren, dass die Welt keine Bedeutung besitzt, keinen Sinn, werden wir von Gebundenheit an die Bedeutung befreit, die wir vorgenommen haben. Zu wissen, dass es in unserer Welt nichts Substanzielles gibt, mag diese Welt scheinbar ihres Wertes berauben. Dieses Nichts aber kann unser wertvollster Besitz sein, denn es öffnet uns für die Welt, die außerhalb von uns existiert.

Glück: eine Fiktion, auf die man verzichten kann

Freud schrieb an einen Patienten: »Ich zweifle ja nicht, daß es dem Schicksale leichter fallen müßte als mir, Ihr Leiden zu beheben: aber Sie werden sich überzeugen, daß viel damit gewonnen ist, wenn es uns gelingt, Ihr hysterisches Elend in gemeines Unglück zu verwandeln. Gegen das letztere werden Sie sich mit einem wiedergenesenen Seelenleben besser zur Wehre setzen können.«[26] Das Streben nach Glück ist eine Ablenkung vom Leben. Freud hält es für besser, nach etwas anderem zu streben – einer Art von Leben, in dem man keine Phantasie der Befriedigung braucht, um das Menschsein als eine interessante und lohnende Erfahrung zu betrachten.

Heutzutage herrscht die Auffassung vor, man könne persönliche Erfüllung nur erlangen, wenn man wahrhafte Selbstverwirklichung erreicht. In jedem von uns schlummern einzigartige Möglichkeiten, die darauf warten, entfaltet zu werden. Gerade ihre Entfaltung wird aber meistens vereitelt. Daher müssen so viele Menschen ein verstümmeltes, unterdrücktes Leben führen; sie haben nie die Chance bekommen, ganz sie selbst zu sein. Aber wissen sie eigentlich, wer sie wirklich sein wollen? Und wenn sie tatsächlich dieser Mensch werden würden, wären sie dann »glücklich«? Nur jemand, der chronisch unglücklich ist, würde sein Leben auf eine solche weit hergeholte Spekulation gründen. In Wirklichkeit verbringen die meisten Menschen ihr Leben in einem Zustand hoffnungsvoller Unruhe. Sie finden einen Sinn in dem Leiden, das der Kampf um das Glücklichsein mit sich bringt. In ihrer Flucht vor der Leere bindet sich die moderne Menschheit an nichts stärker als an diesen Zustand des fröhlichen Kummers.

Das Ideal der Selbstverwirklichung speiste sich in hohem Maße aus der romantischen Bewegung. Für die Romantiker war Ursprünglichkeit die größte Leistung. Schuf ein Künstler neue Formen, war er gottähnlich. Die Gedichte und Gemälde der romantischen Künstler waren keine Variationen traditioneller Themen. Sie sollten etwas Neues in der Welt sein, und bald glaubte man, jedes menschliche Leben könne auf diese Weise ursprünglich werden. Nur wenn der Mensch sein wahres Selbst entdeckte und sich ihm gemäß entwickelte, konnte er glücklich werden.

Für Freud gab es kein wahres Selbst, das der Mensch erst finden musste. Der Geist war ein Chaos, und ihm eine gewisse Ordnung aufzuerlegen, war die Aufgabe des Verstandes. Im Jahr 1932 schrieb Freud in einem Briefwechsel mit Albert Einstein, der ihn gefragt hatte, ob Krieg jemals würde abgeschafft werden können: »Der ideale Zustand wäre natürlich eine Gemeinschaft von Menschen, die ihr Triebleben der Diktatur der Vernunft unterworfen haben. Nichts anderes könnte eine so vollkommene und widerstandsfähige Einigung der Menschen hervorrufen, selbst unter Verzicht auf die Gefühlsbindungen unter ihnen. Aber das ist höchstwahrscheinlich eine utopische Hoffnung.«[27]

Für Freud war das menschliche Leben ein Ich-Bildungsprozess, keine Suche nach einem fiktiven inneren Selbst. Wenn man nach seinem wahren Selbst sucht, öffnet man endlosen Enttäuschungen Tür und Tor. Wer über kein besonderes Potential verfügt, wird den Versuch, sein inneres Wesen zur Entfaltung zu bringen, mit einer schmerzhaften Vergeudung seiner Existenz bezahlen. Selbst wenn jemand ein außergewöhnliches Talent hat, wird es ihm nur Erfüllung bringen, wenn andere es wertschätzen. Nur wenige Menschen sind unglücklicher als jene, die eine Gabe besitzen, die niemanden interessiert. Und wer möchte sein Leben damit verbringen, herumzusitzen und zu warten, bis jemand seinen wahren Wert erkennt? Wie John Ashbery schrieb:

> Ein Talent zur Selbsterkenntnis
> Wird dich nur bis zum Grundstück
> Neben dem Müllplatz bringen, wo du namentlich
> aufgerufen wirst.[28]

Das romantische Ideal ermutigt die Menschen, nach ihrem wahren Selbst zu suchen. Ein solches Selbst gibt es nicht, aber das bedeutet nicht, alles sein zu können, was wir wollen. Talent ist eine Gabe des Schicksals, nicht etwas, für das man sich bewusst entscheiden kann. Wer sich vorstellt, er könne ein bestimmtes Talent erlangen, das ihm abgeht, wird gewissermaßen zu einem zweiten Salieri, jenem Komponisten, dessen Leben durch das Auftauchen von Mozart vergiftet wurde. Salieri war nicht unbegabt. Er konnte auf eine einigermaßen erfolgreiche Karriere zurückblicken. Trifft das Bild zu, das Puschkin und andere von ihm gezeichnet haben, so quälte sich Salieri damit, ob er echt und authentisch sei. Eine Gesellschaft von Menschen, denen man beigebracht hat, sie selbst zu sein, kann nur voller Fälschungen sein.

Die Idee der Selbstverwirklichung ist unter den modernen Fiktionen eine der zerstörerischsten. Sie legt nahe, man könne nur in einer bestimmten Art von Leben glücklich und erfolgreich sein, oder nur in einer kleinen Zahl von ähnlichen Lebensentwürfen, während jeder in Wirklichkeit auf vielfältige Weise glücklich werden kann. Als ein glückliches Leben erscheint uns ein Leben, das letztlich zur Erfüllung führt. Seit jeher haben die Philosophen der aristotelischen Tradition uns ermutigt, auf diese rückwärtsgewandte Weise zu denken. Man betrachtet das eigene Leben, als wäre es bereits beendet, aber niemand von uns weiß, wie es enden wird. Die Tage mit dem Abfassen eines Nachrufs auf eine Person zu verbringen, die man selbst gewesen sein könnte, erscheint als eine etwas eigenartige Lebensweise.

Die Menschen finden vielmehr durchaus Möglichkeiten, ihr Leben auf eine erträgliche, sogar angenehme Weise zu verbringen, auch wenn sie nicht danach streben, glücklich zu sein. Das soll nicht heißen, dass wir auf indirekte Weise nach Glück streben sollen – eine Idee, die von Aristoteles überkommen ist. Besser ist es, überhaupt nicht nach dem Glück zu suchen. Nach dem Glück zu streben, bedeutet, sein Leben schon gelebt zu haben, bevor es vorbei ist. Man kennt alles Wichtige schon im Voraus: was man erstrebt, wer man ist. Warum sollte man sich die Last aufbürden, eine Figur in einer derart langweiligen Geschichte zu sein? Besser ist es, das Leben immer wieder neu zu gestalten, während man es lebt, und sich nicht zu stark an jene Geschichten zu binden, die man sich unterwegs selbst erzählt.

Sich selbst kennenzulernen heißt, die Geschichte des eigenen Lebens auf eine neue, phantasievollere Art zu erzählen als vorher. Wenn man das eigene Leben im Lichte dieser neuen Betrachtungsweise sieht, wird man sich auch selbst verändern. Das Leben wird dann sozusagen von einer neuen Fiktion bestimmt werden. Diese Fiktionen zu entwickeln, das meinte Freud mit der Aufgabe der Ich-Bildung. Das Ich ist selbst eine Fiktion, eine Fiktion, die niemals festgelegt oder vollendet wird. »Auf dem Gebiete der Fiktion«, schrieb Freud, »finden wir jene Mehrheit von Leben, deren wir bedürfen.«[29]

Das arische Unbewusste von Jung oder Was Mythen nicht sind

Freud verzichtete darauf, sich Gedanken darüber zu machen, wie man Mythen erneuern könnte. Wohin das führte, zeigte sich an seinem fehlgeleiteten Kollege Carl Gustav Jung. Jungs Denken ist nicht deshalb interessant, weil es einen eigenen Wert besäße, sondern weil es demonstriert, wie die Psychologie zum Vehikel einer neuen Religion werden kann – eine Entwicklung, der sich Freud stets verweigerte. Mit Jung wurde der Therapeut zu einem neuartigen Führer der Seele in die Unterwelt. Doch die Unterwelt, in die Jung die Menschheit geleiten wollte, war seine eigene Erfindung, die ihm zum Teil auch dazu diente, sein eigenes Verhalten in jenen Jahren zu verschleiern, als der Nazismus sich anschickte, ganz Europa zu unterwerfen.

Jungs Gedanken über Mythen stammen nicht ursprünglich von ihm selbst oder von Freud. Schon vor Jungs Begegnung mit der Psychoanalyse waren sie Bestandteil eines intellektuellen Gärungsprozesses in Deutschland im späten 19. und Anfang des 20. Jahrhunderts. In dieser Zeit waren okkultistische und theosophische Gruppen und Bewegungen, die eine wissenschaftlich fundierte Evolutionsreligion zu entwickeln versuchten, sehr einflussreich. Zu ihren Vordenkern gehörte Ernst Haeckel (1834–1919), Professor für Zoologie an der Universität Jena, der im deutschsprachigen Raum eine große Zahl von Anhängern besaß. Haeckels Projekt zielte auf die Schaffung einer neuen Religion, die auf dem Materialismus und der Evolutionstheorie beruhte und die er als *Monismus* bezeichnete. Haeckel, der maßgeblich zur Verbreitung des Darwinismus in Europa beitrug und als Erfinder der Ökologie gilt, vertrat auch die Ansicht, die menschliche Gattung gliedere sich hierarchisch nach Rassen und durch Eugenik und Rassenhygiene könne die Erbsubstanz der Bevölkerung qualitativ verbessert werden. Diese Ideen bilden die einigende Grundüberzeugung pantheistischer Glaubensgemeinschaften, die an die Stelle des Christentums zu treten versuchten.

Um die Jahrhundertwende entstanden überall in Mitteleuropa monistische Gruppen. Zu den Mitgliedern des Deutschen Monistenbunds, den Haeckel 1906 gründete, zählten der Empirist Ernst Mach, mehrere darwinistische Wissenschaftler, Ferdinand Tönnies, einer der Begründer der modernen Soziologie, sowie der einflussreiche Okkultist Rudolf Steiner. Auch mehrere spätere führende Funktionäre der KPD sowie spätere Nationalsozialisten gehörten den Monisten an. Haeckel war zudem Mitglied der Thule-Gesellschaft, einer völkisch-nationalistischen Organisation, der auch der spätere Hitler-Stellvertreter Rudolf Hess angehörte. Nach dem Zweiten Weltkrieg erfuhr Haeckel in der DDR wissenschaftliche Anerkennung.

Für diese Persönlichkeiten besaß eine Evolutionsreligion eine starke Anziehungskraft. Aufgrund ihrer ablehnenden

Haltung gegenüber der jüdischen und der christlichen Tradition (einige von ihnen, auch Haeckel, waren offen antisemitisch) wünschten sie sich eine Religion, in der sich die moderne Wissenschaft mit alten, überkommenen Denkweisen verband. Haeckel glaubte, dass das bewusste Denken auf archaischen geistigen Prozessen beruhte. Andere Denker im Umkreis dieser völkischen Bewegungen, die eine Rückkehr der »organischen« Kulturen ersehnten, die es ihrer Meinung nach früher gegeben hatte, verfochten die Idee, dass auch Völker eine Seele besäßen. *Volk* meinte in diesem Zusammenhang eine Gemeinschaft oder eine Lebensweise, die nicht durch kritisches Denken beeinträchtigt worden war. Ein Wiedererstehen dieses imaginären Volkes bedeutete, dass Minderheiten, die den gemeinschaftlichen Frieden stören konnten, vertrieben oder anderweitig neutralisiert werden mussten. Wie alle Utopien erforderte auch dieser völkische Traum die Unterdrückung störender Elemente.

Aus diesem Milieu übernahm Jung ursprünglich die Idee des kollektiven Unbewussten, eines Verwahrungsortes archetypischer Bilder, die sich im Geist als Träume oder Visionen manifestieren. Diese Bilder aus dem Unbewussten zurückzuholen und auch die Mythen, die sie verkörpern, wurde zu einer Aufgabe jener Spielart der Psychotherapie, die Jung nach seinem Bruch mit Freud entwickelte. Anstatt den Patienten anzuleiten, seine eigenen Mythen zu formulieren, sollte der Psychotherapeut ihn nun mit seinen Mythen in Verbindung bringen, die archetypischer Natur waren. Diese ewigen Gegebenheiten, die auch in den Schriften der Gnosis und in der arkanen Symbolik der Alchemie auftauchen, konnten und sollten in die moderne Psyche reintegriert werden. Dies würde einen Zustand geistiger Einheit hervorbringen, in dem widerstreitende Kräfte in einem harmonischen Ganzen aufgehen würden.

Wie das kollektive Unbewusste nach Jung genau beschaffen ist, bleibt umstritten. Später vertrat Jung die Auffassung, das Unbewusste sei universell menschlich; in seinen früheren Werken hatte er angedeutet, die verschiedenen menschlichen Gruppen verfügten über unterschiedliche Arten des Unbewussten. »Das arische Unbewußte«, schrieb er in einem Aufsatz, den er 1934 in der Zeitschrift der »Allgemeinen Ärztlichen Gesellschaft für Psychotherapie« veröffentlichte, deren deutsche Sektion von Matthias Heinrich Göring, einem Vetter von Hermann Göring, geleitet wurde, »hat ein höheres Potential als das jüdische«.[30]

Im Jahr 1936 veröffentlichte Jung einen Aufsatz mit dem Titel »Wotan«, in dem er den Aufstieg des Nationalsozialismus als eine Eruption des kollektiven Unbewussten und als das Erwachen des alten germanischen Kriegsgottes deutete. Er stellte sich jedoch nicht ausdrücklich hinter die tiefgreifende Umwälzung, die sich in Deutschland vollzog, sondern wies vielmehr auf deren in hohem Maße zerstörerisches Potential hin. Etwa ab 1943 wandte er sich den Alliierten zu. Durch Vermittlung seiner amerikanischen Patientin Mary Bancroft, einer Schriftstellerin und Geliebten von Allan Dulles, der damals für das Office of Strategic Services (OSS) in der Schweiz arbeitete und später zum Direktor der CIA avancierte, wurde Jung ein Informant des amerikanischen Geheimdienstes. Er erstellte psychologische Profile der NSDAP-Führer und fungierte, zumindest einigen Berichten zufolge, als Kontaktmann zu einigen der treibenden Kräfte, die hinter Verschwörungen zum Sturz Hitlers standen. Die volle Wahrheit wird man nie herausfinden können, doch es darf vermutet werden, dass sich Jung während des größten Teils der Naziherrschaft nach allen Seiten absicherte.[31]

Jungs Haltung gegenüber dem Nationalsozialismus wurde zum Teil auch durch seine Überzeugung bestimmt, Religion sei notwendig, um die moderne Seele zu heilen. Hier kommt

Jungs Unterschied zu Freud deutlich zum Ausdruck. In einem Briefwechsel mit Jung im Jahr 1910, in dem dieser die Ansicht vertrat, dass die Psychoanalyse »den Christum sachte in den weissagenden Gott der Rebe, der er war, zurückzuverwandeln« habe, schrieb Freud: »Mich aber sollten Sie für keinen Religionsstifter halten, meine Absichten reichen nicht so weit ... An Ersatz für die Religion denke ich nicht; dies Bedürfnis muß sublimiert werden.«[32]

Im Unterschied zu Jung erhob Freud nie den Anspruch, die Seele heilen zu können. Die innere Spaltung war für ihn der Preis des Menschseins. Die Spaltung der Seele beruhte zum großen Teil auf der Unterdrückung des Triebes; aber Freud glaubte nie daran, dass diese Spaltung vermeidbar sein könnte. Ein Verlust an Triebbefriedigung ging mit allen Arten von zivilisiertem Leben einher – Barbarei war jedoch für Freud keine aussichtsreiche Alternative.

Wie Jung konstatierte auch Freud, Europa sei während der Zwischenkriegszeit in eine Massenpsychose versunken, hieß jedoch – anders als Jung – diese Entwicklung niemals willkommen. Die Kräfte, die in dieser Zeit freigesetzt wurden, waren keine numinosen Mächte, die aus dem unbewussten Reservoir mythischer Weisheit emporstiegen. Vielmehr waren es unterdrückte Triebe, die von ihren inneren Fesseln befreit wurden. Ohne die Zerstörung des bürgerlichen Lebens infolge des wirtschaftlichen Zusammenbruchs hätte sich der Nazismus niemals zu jener grauenhaften, vernichtenden Kraft entwickeln können, die er schließlich entfesselte. Auf viele Menschen im Zwischenkriegseuropa wirkte der Nazismus jedoch aufgrund der Barbarei anziehend, die er in Aussicht stellte. Freud erkannte diese Anziehungskraft, ohne sie zu teilen. Die moderne Zivilisation mochte krank sein, aber das galt auch für das menschliche Tier. Sich dem Wahnsinn zu ergeben, würde die Seele weder wieder ganz noch heil werden lassen.

Der Unterschied zwischen Jung und Freud besteht nicht darin, dass Jung den Mythos verherrlichte, während Freud den Geist von ihm befreien wollte, wenngleich Freud dies zeitweilig durchaus versuchte. Beide hatten unterschiedliche Auffassungen über Mythen – darin besteht der Unterschied zwischen ihnen. Der mythenschaffende Trieb, der nach Jungs Ansicht eine Verbindung zwischen dem Menschen und der spirituellen Welt herstellte, war für Freud eine rein natürliche Fähigkeit. Wenn das menschliche Leben der Unterdrückung bedarf, dann braucht es auch Mythen. Unterdrückung bedeutet mehr, als nur den Ausdruck des Verlangens zu behindern. Infantile Hilflosigkeit und die tiefgreifende psychische Störung, die sich einstellen, wenn eine Gesellschaft sich plötzlich auflöst – das sind Traumata, die das menschliche Tier verarbeitet, indem es sie vergisst. Doch ein Vergessen dieser Art ist niemals vollständig oder endgültig. Unterdrückte Erinnerungen kehren in Form von Symptomen einer inneren Störung zurück. Aber sie kehren auch als Mythen zurück.

Die Notwendigkeit von Mythen ergibt sich aus Freuds Darstellung der Unterteilung des menschlichen Geistes. Mythen sind keine ewigen, immerwährenden Archetypen, die gewissermaßen in einem kosmischen Speicher gelagert werden. In unserer Zeit sind sie fließend, ephemer und – während sie gleichzeitig auf Millionen Menschen übertragbar sind – in hohem Maße individuell.

Mythen der näheren Zukunft

Kurz nach acht betrachtete Kerans vom Hotelbalkon aus den Sonnenaufgang – hinter den dichten Dschungeln riesiger Urwaldpflanzen, die sich östlich der Lagune weithin über die Dächer der verlassenen Häuser drängten, kam eben die leuchtende Scheibe empor, selbst die fast undurchdringliche olivgrüne Blätterfront konnte ihre grausame Hitze kaum mäßigen. Die scharfen Strahlen trommelten ihm auf den nackten Oberkörper, auf Brust und Schultern brach der erste Schweiß aus. Er setzte eine dunkle Brille auf, um wenigstens die Augen einigermaßen zu schützen; die Sonnenscheibe war nicht mehr klar umschrieben, elliptisch dehnte sie sich nach Osten, ein gigantischer Feuerball. Ihre Strahlen verwandelten die eben noch bleierne Oberfläche der Lagune in einen Kupferschild. Mittags, in weniger als vier Stunden, würde man meinen, das Wasser stünde in Brand.[33]

In dieser Anfangsszene von James Graham Ballards Roman *The Drowned World* (dt. Ausgabe: *Karneval der Alligatoren*) blickt Dr. Robert Kerans von einem Fenster in einem oberen Stockwerk des verlassenen Hotels Ritz auf die Stadt London, die vom Klimawandel verändert worden ist.

Der Großteil der Stadt war seit langem verschwunden, nur die Stahlbetonbauten des Geschäftsviertels hatten den einbrechenden Fluten standgehalten. Die Ziegelhäuser und eingeschossigen Fabriken in den Vororten lagen völlig unter dem Schlamm begraben. Wo sie die Oberfläche durchstießen, erhoben sich riesige Wälder in den brennenden, stumpfgrünen Himmel; im gemäßigten Klima Europas und Nordamerikas hatten sie die Weizenfelder verdrängt, undurchdringliche Matto Grossos, oft bis zu hundert Meter hoch, bildeten eine Alptraumlandschaft einander bekämpfender, organischer Lebensformen, die rasch ihrer paläozoischen Vergangenheit zustrebten. Die einzigen Landwege für die Militäreinheiten der Vereinten Nationen führten durch die Lagunen, die sich über den früheren Städten gebildet hatten, und selbst diese wurden jetzt schon durch Sand verstopft und dann überschwemmt.[34]

Als der Planet in eine ferne geologische Vergangenheit zurückkehrt, wird London überflutet. Zugleich verschwindet auch Kerans' persönliche Geschichte, während vormenschliche Bilder die menschlichen Erinnerungen ersetzen.

Ballard war nicht der Erste, der eine Vision über die Rückverwandlung Londons in einen Sumpf entwarf. In seinem Roman *After London or Wild England* (1885) warf der Naturforscher Richard Jefferies einen Blick in eine imaginäre Zukunft, in der die Stadt, nach einer nicht weiter erläuterten Katastrophe, wieder von den Elementen zurückerobert wird: »Die alten Männer sagen, ihre Väter haben ihnen erzählt, dass, kurz nachdem man die Felder sich selbst überlassen hat, eine Veränderung sichtbar zu werden begann. Es wurde überall grün im ersten Frühling, nachdem London sein Ende gefunden hatte, so dass das ganze Land gleich aussah.«[35] London wird von einem großen See überflutet; es folgt ein Rückfall in die Barbarei. Im Laufe der Zeit entwickelt sich eine neu-mittelalterliche Kultur, die dauerhafter und menschlicher ist – so möchte Jefferies andeuten – als die untergegangene Zivilisation. Ballards Vision von London im Nachgang einer plötzlichen Klimaveränderung ist ein wahrhaftigerer Mythos. Hier findet sich kein Hinweis auf eine bessere Zivilisation, die anschließend entstehen soll, und wenn der Protagonist in die Vergangenheit reist, begibt er sich nicht in einen vormodernen Traum, sondern in eine Welt, die schon vor dem menschlichen Tier existierte.

Indem sie Ballards Erlebnisse als Kind in Shanghai rekapituliert – zu diesem Zeitpunkt eine der höchstentwickelten Städte der Welt –, ist die untergegangene Welt zweifelsohne modern. Die Beschreibungen von verlassenen Hotels, verfallenen Bürogebäuden und überfluteten Swimming Pools sind verwandelte Erlebnisse des Autors in Shanghai, wie es sich während des Einmarsches der japanischen Truppen in China veränderte. Ballard brauchte zwanzig Jahre, um diese Ereignisse zu vergessen, wie er erklärte, und weitere zwanzig Jahre, um sich wieder an sie zu erinnern.

Für den Protagonisten der *Drowned World* ist der Rückfall des Erdplaneten in die unwirtlichen Bedingungen einer älteren geologischen Periode nicht unbedingt eine Katastrophe. Die Auslöschung des persönlichen Gedächtnisses, die die Veränderung mit sich bringt, befreit ihn von einer Identität, die ihm zur Last geworden ist. Als seine Vergangenheit durch die Erinnerungen auslöschende Landschaft beseitigt wird, ist Kerans imstande, wieder mit prähumanen Ebenen seiner eigenen Natur in Verbindung zu kommen. Das sind nicht Jungs ewige Archetypen, sondern Spuren der planetaren Vergangenheit, die in seinem Nervensystem verschlüsselt wurden. Ob es sich bei diesen Spuren um physische Strukturen handelt oder um Bilder, die das Unbewusste des Protagonisten erschaffen hat, spielt keine Rolle: Der menschliche Organismus kann die Persönlichkeit in einer schöpferischen Reaktion auf ein lebensveränderndes Ereignis abstreifen – das zeigen diese Strukturen oder Bilder.

Am Ende des Buchs macht sich Kerans auf in den Dschungel und hinterlässt an einer Mauer eine Nachricht, von der er weiß, dass niemand sie lesen wird:

> 2. Tag. Habe mich ausgeruht
> und ziehe weiter nach Süden.
> Alles in Ordnung. Kerans[36]

Ballard entwarf seine persönliche Mythologie als Reaktion auf seine traumatische Entdeckung, dass auch die scheinbar dauerhaftesten Elemente des menschlichen Lebens in einem einzigen Augenblick verschwinden können. In seinen Lebenserinnerungen *Miracles of Life* (2008) berichtet Ballard von einer Motorradfahrt, die er zusammen mit seinem Vater nach der japanischen Besetzung unternahm. Sie machten bei einem Nachtclub namens Del Monte Halt und gingen auf Zehenspitzen durch die »ruhigen Spielsäle, in denen Roulettetische umgestürzt auf der Seite lagen und der Boden mit Glasscherben und Einsatzchips übersät war. Vergoldete Statuen stützten die Überdachung der Bars, die sich über die gesamte Länge des Casinos zogen, und auf dem Boden ragten verzierte Kronleuchter, die von den Wänden herabgerissen worden waren, aus dem Schutt aus Flaschen und alten Zeitungen heraus. Überall im Halbdunkel schimmerte es golden, und dadurch verwandelte sich dieses verwüstete Casino in eine magische Höhle aus *Tausendundeiner Nacht*.«

Diese Bilder enthielten eine Botschaft. Das leere Casino »besaß für mich eine tiefere Bedeutung, es zeigte mir, dass die Wirklichkeit ein Stadium war, das jederzeit beendet werden konnte, und dass alles, unabhängig davon, wie prachtvoll es erscheinen mochte, auf den Schutthaufen der Geschichte gefegt werden konnte.« Der zerstörte Spielsalon war eine Chiffre für die Vorläufigkeit der Gesellschaft. »Ich hatte außerdem das Gefühl, dass dieses Casino, ebenso wie die Stadt und die Welt darüber hinaus, wirklicher und bedeutsamer war, als es damals gewesen war, als sich noch Spieler und Tänzer darin drängten.«[37] Der Zusammenbruch von Shanghai demonstrierte Ballard, dass alles im menschlichen Leben provisorisch und vorläufig ist. Es zeigte ihm aber auch etwas Dauerhaftes – die nicht-menschliche Landschaft, in der die Menschen ihr Schicksal leben.

Die Macht des Mythos besteht darin, aus den Trümmern des Sinns einen Sinn zu schaffen. Ballards Mythologie verwandelte den Unrat des Kindheitstraumas in Gold; was einst hässlich und sinnlos gewesen war, wurde etwas Liebenswertes und Lebensbejahendes. Diese Transformation vollzog sich nicht in einem hermetischen Prozess jener Art, von der Jung im Gefolge seines Eintauchens in die mittelalterliche Alchemie träumte, sondern auf eine vollkommen rationale Weise.

Aber natürlich war es kein bewusster Prozess. Mythen werden nicht absichtlich erfunden – oder wenn doch, dann kommt dabei etwas heraus wie Nietzsches Mythologie vom Übermenschen, dessen Macht aus dem Aufblähen von Phantasien erwächst. Echte Mythen sind ein Korrektiv der Phantasie. Man denke an die Geschichte von Ikarus, der der Erde zu entfliehen versuchte, indem er mit Flügeln aus Wachs in den Himmel stieg, dabei aber zu nahe an die Sonne kam, so dass das Wachs schmolz und er in den Tod stürzte. Oder an Prometheus, den Schöpfer der Menschen, der Zeus das Feuer stahl und dafür bestraft wurde, indem er an einen Felsen gekettet wurde, wo ein Adler jeden Tag von seiner Leber fraß. Das sind keine Geschichten, die beruhigen oder beschwichtigen sollten. Die in ihnen enthaltene Wahrheit hat etwas mit Hybris zu tun. Ikarus und Prometheus verdienen es, bestraft zu werden.

Die griechischen Mythen enthalten Wahrheiten, die in modernen Mythen bestritten werden, aber nicht alle wahren Mythen sind alt. Heute können Mythen auch praktisch augenblicklich entstehen: Durch Nachrichtensendungen und das Internet in die ganze Welt übermittelt, verbreiten sie sich wie ein Virus, setzen sich in Minuten oder Stunden im Geist von Millionen und Abermillionen Menschen fest. Sind dies wahre Mythen oder in Massenproduktion erzeugte Phantasien? Manchmal beides. In jüngster Zeit wurden von den Massenmedien Bilder vom Widerstand gegen tyrannische Herrscher in der ganzen Welt verbreitet, Bilder, die oft gerade von denen mit Mobiltelefonen aufgenommen worden waren, die Widerstand leisteten. Revolutionsmythen, welche die Widerstandskämpfer beflügeln, werden durch nachrichtenproduzierenden Medien eine Zeitlang verstärkt. Aber Mythen können nur so lange überleben, wie jene, die sie akzeptieren, sie umzusetzen und mit Leben erfüllen. Volksaufstände durchlaufen gewöhnlich die normale Abfolge von Rebellion, Anarchie und neuer Tyrannei – dann verschwindet der Revolutionsmythos und wird durch neue Verschwörungs- und Verratsmythen ersetzt.

Mythen sind keine ewigen, in Zeitlosigkeit erstarrten Archetypen. Sie sind eher wie kurze Musikstücke, die im Geist erklingen. Scheinbar aus dem Nichts kommend, bleiben sie eine Weile bei uns und verschwinden dann wieder.

Tlön und die Geschichte ohne zwei bestimmte Abende

»Ich verdanke der Konjunktion eines Spiegels und einer Enzyklopädie die Entdeckung Uqbars.« Mit diesen Anfangssätzen der berühmten Erzählung von Jorge Luis Borges »Tlön, Uqbar, Orbis Tertius«, die erstmals 1940 in Argentinien veröffentlicht wurde, teilt uns der Ich-Erzähler – der eine fiktionalisierte Version von Borges selbst ist – mit, dass er die Welt von Tlön nur zufällig entdeckt habe. Aus Interesse an einer obskuren Sekte schlägt der Erzähler in der *Anglo-American Cyclopaedia* nach, »einem wortgetreuen, wenn auch saumseligen Nachdruck der *Encyclopaedia Britannica* von 1902«, um mehr über diese Sekte und die entlegene Region Uqbar zu erfahren, wo sie angeblich tätig war. In der *Cyclopaedia* findet sich kein Eintrag zu Uqbar, aber ein Freund des Erzählers besorgt ihm eine andere Ausgabe des Werkes, eine Kopie der zehnten Auflage der *Britannica.* Diese Ausgabe der *Cyclopaedia* umfasst vier Seiten mehr und enthält auch einen Eintrag zu Uqbar, der lautet: »Für einen dieser Gnostiker war die sichtbare Welt eine Illusion oder (genauer gesagt) ein Sophismus. Der Spiegel und die Vaterschaft sind abscheulich, weil sie jene vervielfältigen und in Umlauf bringen.« Der Erzähler überprüft weitere Ausgaben der Enzyklopädie, doch dort fehlt überall dieses Stichwort. Später, einige Monate nach dem Tod eines Freundes seines Vaters, stößt der Erzähler auf ein weiteres Buch mit dem Titel *A first Encyclopaedia of Tloen,* Vol. XI, Hlaer to Jangr, das diesem Freund nur wenige Tage vor seinem Tod zugeschickt worden war. Das Buch, in dem kein Erscheinungsort und kein Erscheinungsjahr angegeben waren, rief beim Erzähler »einen leichten Schwindel der Bestürzung« hervor: »Jetzt hielt ich ein ausführliches, methodisch abgefaßtes Bruchstück der Gesamtgeschichte eines unbekannten Planeten in Händen, mit seinen Bauwerken und seinen Zwistigkeiten, dem heiligen Schrecken seiner Mythologien und dem Geraun seiner Sprachen, mit seinen Kaisern und seinen Meeren, mit seinen Mineralien und seinen Vögeln und seinen Fischen, mit seiner Algebra und seinem Feuer, mit seiner theologischen und metaphysischen Widerträchtigkeit. Dies alles gegliedert, zusammenhängend, ohne ersichtliche Lehrabsicht oder parodistische Färbung.«

Diese Entdeckung führt zur erfolglosen Suche nach weiteren Bänden, doch der Erzähler bezweifelt nicht, dass es sie gibt. In den fehlenden Zusatzbänden, vermutet er, wird diese »brave new world« beschrieben, »das Werk einer Geheimgesellschaft von Astronomen, Biologen, Ingenieuren, Metaphysikern, Dichtern, Chemikern, Algebrakundigen, Moralisten, Malern und Geometern ... unter der Leitung eines im Dunkel gebliebenen Genies.« »Anfangs war man der Ansicht, Tlön sei ein bloßes Chaos«, berichtet der Erzähler, »eine unverantwortliche Ausgeburt freier Phantasie; heute weiß man, daß es ein Kosmos ist, und die verborgenen Gesetze, die ihn durchwalten, sind, wenn auch nur provisorisch, formuliert worden.«

Ein charakteristisches Merkmal von Tlön ist, dass seine Bewohner »von Geburt an Idealisten sind«. Ihre ganze Denkungsart setzt den Idealismus voraus – jene Philosophie, in der die Welt nicht aus materiellen Gegenständen besteht, die unabhängig von der Wahrnehmung der Menschen existieren, sondern aus Gedanken. Tlön ist die Welt, wie sie sich der anglo-irische Theologe und Philosoph George Berkeley (1685–1753) vorstellte, eine Welt, in der die materiellen Objekte, die uns umgeben, nur existieren, wenn sie von uns wahrgenommen werden – allerdings ohne den göttlichen Geist, der laut Berkeley die Existenz dieser materiellen Dinge sicherstellt, wenn sie nicht vom menschlichen Betrachter wahrgenommen werden. Die Sprache von Tlön kennt keine Dingwörter, denn es gibt keine Objekte, die über die Zeit fortdauern, sondern nur eine Abfolge von Handlungen oder Ereignissen, was »die Wissenschaft außer Kraft setzt« und die Logik sinnlos macht.

In einer solchen Welt ist die Philosophie »ein Zweig der phantastischen Literatur«, da »jede Philosophie von vornherein ein dialektisches Spiel, eine *Philosophie des Als ob* ist«. »Die Metaphysiker von Tlön suchen nicht die Wahrheit, ja nicht einmal die Wahrscheinlichkeit: sie suchen das Erstaunen.« Es gibt unzählige Denksysteme, am meisten jedoch sagen den Philosophen von Tlön jene zu, die einen paradoxen Anschein von Ordnung vermitteln.

Die Erzählung endet mit einer Nachschrift, vermutlich 1947 verfasst, in der »das Rätsel von Tlön völlig aufgeklärt« wird. Ein Brief, der 1941 gefunden wurde, bestätigte die Hypothese, dass die Welt von Tlön Anfang des 17. Jahrhunderts von einer »geheimen und hochwohllöblichen Gesellschaft« erfunden wurde, der später auch George Berkeley angehörte. Diese Bruderschaft wurde Anfang des 19. Jahrhunderts in Amerika von einem asketischen Millionär, Freidenker und Verteidiger der Sklaverei fortgeführt, der als Erster vorschlug, eine umfassende Enzyklopädie dieses imaginären Landes zu erstellen, und sich erbot, das Unternehmen zu finanzieren, unter der Voraussetzung, dass das Werk »kein Bündnis mit dem Scharlatan Jesus Christus eingeht«. Der Freidenker »glaubt nicht an Gott, aber er will dem nichtexistierenden Gott beweisen, daß die Sterblichen fähig sind, eine Welt auszuhecken«.

Im Jahr 1914 ist das Werk fertig und die 300 Mitglieder der Geheimgesellschaft erhalten den Schlussband der 40 Bände umfassenden *Ersten Enzyklopädie von Tlön.* Diese war als Grundlage für ein weiteres, noch ehrgeizigeres Projekt gedacht, das nicht in Englisch, sondern in einer der Sprachen von Tlön abgefasst sein sollte und provisorisch *Orbis Tertius* genannt wurde. Im Jahr 1942 tauchten die ersten Gegenstände aus Tlön auf. Ein Kompass wurde gefunden, dessen blaue Nadel dem magnetischen Pol zustrebte; die Buchstaben auf dem Zifferblatt entsprachen einem der Alphabete von Tlön. »Hier brach die phantastische Welt zum ersten Mal in die reale Welt ein.« Ein paar Monate später tauchten »kleine überschwere Kegel (gemacht aus einem Metall, das nicht von dieser Welt ist)« auf, die, wie uns der Erzähler mitteilt, »in gewissen Religionen von Tlön ein Abbild der Göttlichkeit« sind. Es folgten weitere Objekte aus Tlön, welche die Ordnung der menschlichen Welt untergruben.

»Die Berührung und der Umgang mit Tlön«, schließt der Erzähler, »haben diese unsere Welt zersetzt.« Die Menschheit ist froh darüber, dass die Welt von Tlön übernommen wird. Das Eindringen von Tlön – »ein von Menschen entworfenes Labyrinth, dessen Entzifferung der Menschheit aufgegeben ist« – in die reale Welt zeigt anscheinend, dass der menschliche Geist eine Ordnung erschaffen kann. »Fast im selben Augenblick gab die Wirklichkeit in mehr als einem Punkt nach, und zwar gelüstete es sie nachzugeben.« »Noch vor zehn Jahren« – in den 1930er Jahren, an deren Ende Borges diese Erzählung konzipierte und niederschrieb – »reichte jede den Anschein von Ordnung erweckende Symmetrie – der dialektische Materialismus, der Antisemitismus, der Nazismus – völlig aus, die Menschen zu betören. Wie sollte man sich nicht Tlön unterwerfen, der minuziösen und umfassenden Einsicht in einen geordneten Planeten?«[38]

Tlön, ein Symbol für den menschlichen Traum von Ordnung, eröffnet zuerst eine Fluchtmöglichkeit aus dem Chaos und schafft dann – wie das Christentum und seine humanistischen Nachfolger – noch mehr Unordnung. Religiöse und säkulare Gläubige behaupten, dieses Chaos sei durch den Missbrauch ihres Glaubens durch sündhafte oder fehlbare Menschen hervorgerufen worden. Wenn die Einführung von Tlön keine Ordnung in das menschliche Leben zu bringen vermag, liegt es daran, dass die Menschen noch nicht dazu fähig sind, in Tlön zu leben. Doch Tlön erscheint nur auf den Seiten der *Encyclopaedia* geordnet – es ist ein menschlicher Kunstgriff. In Wirklichkeit – der fiktiven Wirklichkeit von Tlön – ist die Welt chaotisch. Nichts anderes meint Borges, wenn er die Welt von Tlön als Abfolge unabhängiger Handlungen beschreibt, die weder durch Ursache und Wirkung noch durch Logik miteinander verbunden sind. Tlön kommt nicht umhin, die Schwäche der Vernunft zu reproduzieren. Nicht nur entzieht sich das verborgene Wirken des Geistes der Logik, worauf bereits Freud hingewiesen hat. Auch die Logik selbst ist eine fiktive Konstruktion: Jedes System von Ideen, das klar und in sich stimmig sein möchte, zerfällt in Mehrdeutigkeiten und Widersprüche. Tlön ist nicht durch Zufall chaotisch. Das Chaos von Tlön ist in Wirklichkeit das Chaos des menschlichen Geistes.

Ist eine Welt vorstellbar, in der die Menschen nicht von einer Fiktion von Ordnung besessen sind – eine Welt, die gerade aus diesem Grund weniger chaotisch wäre? Borges hat diese Frage in einem Gedicht mit dem Titel »Things That Might Have Been« aufgeworfen:

Ich denk an die Dinge, die hätten sein können
  und nicht waren.
Der Traktat über sächsische Mythologie,
  den Beda nicht schrieb.
Das unfassbare Werk, das Dante vielleicht zu ahnen
  gegeben war,
als er die letzten Verse der Komödie schon korrigiert
  hatte.
Die Geschichte ohne den Kreuzesabend und den
  Schierlingsabend.[39]

Borges benennt zwei Fiktionen, die in der Geschichte des Westens eine prägende Kraft entfaltet haben: den gekreuzigten Jesus und Sokrates, der den Schierlingsbecher nahm. Scheinbar in Widerspruch zueinander stehend, vermitteln diese beiden Tode dieselbe Zuversicht. Jesus ist eine Verkörperung Gottes, ein ewiges Wesen, während Sokrates (wie er von Plato dargestellt wird) Zugang zu einem Reich ewiger Formen besitzt. Ihrer beider Leben sind Beispiele dafür, wie der *Logos* – ein Ordnungsprinzip – in der Geschichte am Werk ist.

Es stimmt, dass die Geschichte ohne diese beiden Abende anders verlaufen wäre. Dennoch würde das Leben nach wie vor von Fiktionen beherrscht werden. Da sie sich in einer Welt befinden, die sie nicht verstehen, werden die Menschen immer wieder imaginäre Welten erschaffen, die wie jene von Tlön unverständlich sind.

»Es ist schwierig, einen umfassenden Plan des Kosmos zu finden, denn es gibt keinen. Der Kosmos ist nur nach Teilen *organisiert,* der Rest ist Asche.«[40] Der Autor dieser Beobachtungen, der Dichter Thomas Ernest Hulme, veröffentlichte zeit seines Lebens nur sechs Gedichte. In den zehn Jahren, bevor er 1917 in den Schützengräben Flanderns starb, produzierte er eine Vielzahl kontroverser Schriften über Philosophie und Sprache und verfocht eine radikale Spielart des Nominalismus – jener Philosophie, der zufolge es nur einzelne Dinge gibt, die von der Sprache zu praktischen Zwecken zusammengefasst werden – gegen die konkurrierende philosophische Strömung des Realismus, welche die Auffassung vertritt, dass abstrakte Ideen natürliche Phänomene widerspiegeln.

Der Unterschied zwischen Nominalismus und Realismus ist keine weltfremde Diskussion unter Philosophen. Darin kommen unterschiedliche Denkhaltungen zum Ausdruck, die zu unterschiedlichen Sichtweisen auf die menschliche Welt führen. Viele Menschen glauben, die Welt sei in gewisser Weise wie ein Buch. Die Seiten mögen eingerissen sein und der Druck verblichen, möglicherweise fehlen auch einige Seiten. Oder wir lassen das Buch vielleicht versehentlich in einem Taxi liegen. Aber wenn wir den gesamten Text lesen könnten, würden wir die Welt verstehen, in der wir uns befinden.

Hulme sah es anders. In einer Reihe von Notizen, die er 1906/1907 begann und »Aschen« nannte, schrieb er: »Denke niemals bei einem Buch: Hier stehen die Wahrheit und alles andere in Großbuchstaben geschrieben; denke, als wärst du in einem Theater, und beobachte das Publikum. Hier ist die Realität, hier sind menschliche Tiere. Lausche auf die Worte der Heldenhaftigkeit und dann beobachte die dicht gedrängten applaudierenden Ehemänner. Alle Philosophien sind dem nachgeordnet. Es ist keine Frage der Einheit zwischen der Welt und den Menschen, die nachträglich in sie hineingesetzt wurden, sondern der menschlichen Tiere und der Philosophien als einer Entfaltung ihres Verlangens.«[41]

Menschen sind Tiere, die sich mit Symbolen ausgestattet haben. Symbole, die den Umgang mit einer Welt erleichtern, die sie nicht verstehen, sind nützliche Werkzeuge; doch die Menschen haben eine tief verwurzelte Neigung, zu denken und zu handeln, als würde die Welt, die sie aus diesen Symbolen erschaffen haben, tatsächlich existieren. Ihr Geist – so denken sie gerne – ist einem Modell des Kosmos nachgebildet. Ein Großteil der Philosophie und der Religion ist nicht viel mehr als eine Rationalisierung dieser Selbsttäuschung.

Hulme schlug eine andere Sichtweise vor: »In Wahrheit gibt es keine endgültigen Prinzipien, auf denen die Gesamtheit des Wissens ein für alle Mal gegründet werden kann wie auf einem Felsen. Doch es gibt eine Unendlichkeit an Analogien, die uns weiterhelfen und uns ein Gefühl der Macht über das Chaos geben, wenn wir sie wahrnehmen. Das Feld ist unbegrenzt und darin liegt die Chance für Originalität. Hier gibt es etwas Neues unter der Sonne.«[42]

Das menschliche Tier ist keine unvollkommene Verkörperung irgendeiner höheren Ordnung der Dinge, die unabhängig von der Welt existiert oder sich langsam in ihr entwickelt. »Der Mensch ist ein hochorganisiertes Chaos, jedoch anfällig dafür, jederzeit in Chaos zurückzufallen.« Die Welt ist keine Harmonie, die wir nur unscharf wahrnehmen. »Die Augen, die Schönheit der Welt, sind entstanden aus dem Kot. Der Mensch kehrt zu Staub zurück. Und das Gesicht der Welt wird zu urzeitlicher Asche.« Moralisten und Logiker erklären uns, ihre Gesetze seien nicht lediglich menschliche Konventionen – sie beschreiben etwas, das unabhängig ist vom Menschen, etwas Absolutes. Doch für Hulme kann »das *Absolute* nicht als vollkommen beschrieben werden, denn es existiert als etwas seinem Wesen nach Unvollkommenes, Chaotisches und Aschenähnliches. (Selbst diese Ansicht ist nicht endgültig, sondern soll nur dazu dienen, vorübergehende menschliche Analogien und Bedürfnisse zu befriedigen.)« Menschen entwickeln sich weiter, wird behauptet, als würden sich die Welt- Ansichten, die Menschen sich zu eigen machen und wieder aufgeben, zu einer Sichtweise hin entwickeln, die alles einschließt. Doch Weltsichten sind wie Gärten, sie können leicht zerstört werden durch schlechtes Wetter. »Die Einheit der Natur ist eine höchst künstliche und zerbrechliche Brücke, ein Gartenzaun.« Menschliche Ideen sind vorübergehende Lichtungen im Gestrüpp. »Bestimmte Ideen sind Hütten, in denen Menschen wohnen können.« Die längste Zeit bleiben die zu Asche zerfallenen Realitäten unbemerkt. Aber sie verschwinden nie. Die Zivilisation beruht auf einem Aschenhaufen. »In einer organisierten Stadt ist das Aschenelement der Erde nicht leicht wahrzunehmen – es ist alles verbannt. Aber psychologisch ist es leicht zu erkennen. Was die Nominalisten den Sand im Getriebe nennen, das nenne ich das grundlegende Element des Getriebes.«[43]

Hulme nennt seine Sicht des menschlichen Tieres klassisch und stellt sie einer anderen gegenüber, die er als romantisch bezeichnet. In der romantischen Sicht sind die Menschen nur durch Zufall begrenzte Geschöpfe; ihre Möglichkeiten dagegen sind unbegrenzt. In der klassischen Sicht sind die Menschen grundsätzlich begrenzt; das menschliche Potential ist festgelegt und eingeschränkt. »Kurz gesagt, das sind die beiden Sichtweisen. Die eine besagt, dass der Mensch wesenhaft gut ist, aber durch die Umstände verdorben wird; die andere Sicht geht davon aus, dass er grundsätzlich begrenzt ist, aber durch die Ordnung und die Tradition diszipliniert und zu einem gesitteten Wesen gemacht wird ... Jene Sicht, die den Menschen als gut betrachtet, als ein Reservoir voller Möglichkeiten, nenne ich romantisch; jene, die ihn als ein sehr begrenztes und festgelegtes Geschöpf sieht, nenne ich klassisch.«

Beide Sichtweisen treten in vielfältigen Varianten in Erscheinung. Was Hulme als die klassische Sicht bezeichnet, steht der Religion scheinbar entgegen, sofern zumindest die Religion mit dem Gedanken verbunden ist, der Mensch sei des Göttlichen teilhaftig. Doch wo die Religion die menschliche Unvollkommenheit anerkannt hat – wie in der christlichen Idee der Erbsünde –, bringt sie die klassische Sicht zum Ausdruck. Hulme betrachtet die Romantik als einen religiösen Impuls: »Durch die verdrehte Logik des Rationalismus werden unsere natürlichen Instinkte unterdrückt ... Die Instinkte, die ihren richtigen und angemessenen Ausdruck in der Religion finden, äußern sich auf eine etwas andere Weise. Wenn man nicht an einen Gott glaubt, beginnt man, den Menschen für Gott zu halten. Wenn man nicht an einen Himmel glaubt, beginnt man, an den Himmel auf Erden zu glauben. Mit anderen Worten, man verfällt in Romantik ... Romantik ist daher, ich glaube, so kann man es am besten definieren, übergelaufene Religion.«[44]

Doch der Gedanke, dass die Möglichkeiten des Menschen grenzenlos seien, wurde auch von Rationalisten vertreten, unter anderem von glühenden Anhängern der Wissenschaft, die glauben, die Zunahme des Wissens befähige das menschliche Tier dazu, die Grenzen der natürlichen Welt zu überwinden. Nicht nur in die Romantik ist also etwas übergeschwappt von der christlichen Sicht, die den Menschen für fähig hält, über seine Natur hinauszuwachsen. Gemäß der Logik von Hulmes Argumentation ist auch der Rationalismus übergelaufene Religion.

Thomas Ernest Hulme zählte zu den Begründern der imagistischen Strömung in der Literatur, die im frühen 20. Jahrhundert entstand. Zu ihr gehörten Dichter wie Ford Madox Ford, Ezra Pound, F. S. Flint und »H. D.« (Hilda Doolittle), auch spätere Lyriker wie D. H. Lawrence und William Carlos Williams wurden davon beeinflusst. Den Imagisten ging es um eine besondere Art von Genauigkeit – nicht um eine sachlich exakte Beschreibung eines Gegenstands, sondern um eine präzise Wiedergabe bestimmter Eindrücke. Die normalerweise gebrauchte Sprache ist ihrer Ansicht nach eine Abfolge von Kompromissen, die durch Gewohnheit fortbestehen können. Hulme schrieb dazu:

> Die große Aufgabe besteht in einer genauen, präzisen und eindeutigen Beschreibung. Zunächst gilt es zu erkennen, wie außerordentlich schwierig das ist. Es ist nicht lediglich eine Frage der Sorgfalt: Man muss die Sprache verwenden, und Sprache ist ihrem Wesen nach eine gemeinschaftliche Sache; das heißt, sie drückt niemals den genauen Gegenstand aus, sondern einen Kompromiss – der von Ihnen, mir und allen anderen anerkannt wird. Doch jeder Mensch sieht es ein wenig anders, und um klar und deutlich herauszubekommen, was er sieht, muss er einen fürchterlichen Kampf mit der Sprache ausfechten, sei es mit Worten oder der Technik anderer Künste. Die Sprache besitzt ihre eigene besondere Natur, ihre eigenen Konventionen und ihre gemeinschaftlichen Ideen. Nur durch eine konzentrierte Geistesanstrengung kann man sie auf das eigene Ziel ausgerichtet halten.[45]

Das Ergebnis dieser Auseinandersetzung mit der Sprache war eine Form von »klarer, scharfer, klassischer Dichtung«, die eine Empfindung auf neue, frische Art wiedergeben sollte.

Woran Hulme dabei dachte, lässt sich vielleicht anhand seines Gedichts »Autumn« (Herbst) aufzeigen:

Ein Hauch von Kälte in der Herbstnacht.
Ich ging nach draußen
Und sah den rötlichen Mond, der sich über eine Hecke
lehnte
Wie ein rotgesichtiger Bauer.
Ich blieb nicht stehen, aber ich nickte;
Und rundherum standen die wehmütigen Sterne
Mit weißen Gesichtern wie Kinder aus der Stadt.[46]

Der imagistische Umgang mit der Sprache führte zu einer Revolution in der modernen Dichtung. Doch die Dinge wie die Imagisten zu sehen, bedeutete mehr als nur eine Veränderung der Verstechnik. Hulme verstand darunter eine bestimmte Einstellung zur Welt, die auch die Bereitschaft einschloss, das eigene Leben zu riskieren, wenn Werte gefährdet waren, die er hochschätzte. Als im August 1914 der Erste Weltkrieg ausbrach, trat er als einfacher Soldat in die Armee ein. Seine Erlebnisse in den Schützengräben bestätigten seine Ansicht, die Welt sei ein Chaos: »Es ist seltsam, an den Bereich zwischen den Gräben zu denken, einen Streifen, den praktisch niemand bei Tageslicht zu Gesicht bekommt, weil man sich nur in der Dunkelheit dort sicher bewegen kann. Er ist voller toter Dinge, tote Tiere liegen herum, tote nicht begrabene Tiere, Skelette von Pferden, die durch Granaten umgekommen sind. Es ist seltsam, später im Krieg wieder an all dies zu denken, wenn man es bei Tageslicht sieht.«[47]

Hulme wurde verwundet, und während er sich in England auskurierte, veröffentlichte er unter dem Namen »North Staffs« eine Reihe polemischer Essays zur Unterstützung des Kriegseinsatzes. Darin griff er vor allem Bertrand Russell an, einen Kriegsgegner, der damals den Pazifisten sehr nahe stand. Hulme argumentierte, man brauche Werte, die über jene hinausreichten, die in der rationalistischen, utilitaristischen Ethik anerkannt würden; er vertrat zwar keine chauvinistische Haltung, beharrte jedoch darauf, ein »heroischeres oder tragischeres System von ethischen Werten« sei erforderlich – Werte, die »über dem Leben« stehen. Entsprechend seiner antirationalistischen Philosophie akzeptierte Hulme, dass diese Argumente den laufenden Konflikt eventuell nicht rechtfertigen konnten. »Alles, was ich gegen Mr. Russells ethische Prämissen vorbringe, mag vollkommen zutreffen, aber dennoch kann dieser Krieg die größte Dummheit der Geschichte sein.«[48]

Hulmes Nachsatz hätte ihm selbst eine Warnung sein können. Nachdem er im März 1916 in den Dienst der britischen Marineartillerie getreten war, kehrte er an die Front zurück, wo er im September 1917 bei einem Granateneinschlag getötet wurde. Als Ergebnis des Krieges stürzte die europäische Zivilisation – die Hulme in gewisser Weise zu verteidigen geglaubt hatte – in eine Form von Barbarei, die er sich niemals hätte ausmalen können.

Gottloser Mystizismus

Ich will versuchen, wieder einmal das Unsagbare zu sagen, mit armen Worten auszusprechen, was ich etwa frommen Ungläubigen zu geben habe an nominalistischer Mystik, an skeptischer Mystik ... Die Welt ist nicht zweimal auf der Welt. Es gibt nicht den Gott neben der Welt, es gibt nicht die Welt neben dem Gott. Pantheismus hat man diese Überzeugung genannt ... Warum nicht? Es sind ja nur Worte. In der höchsten mystischen Ekstase empfindet das Ich, daß es Gott geworden ist ... Warum nicht? Soll ich um Worte streiten!

Seit zehn Jahren lehre ich: das Ichgefühl ist eine Täuschung ... Sind dies bloß philosophische Wortfolgen? Spiele der Sprache? Nein. Was ich erleben kann, ist nicht mehr bloß Sprache ... Und ich kann es erleben, für kurze Stunden, daß ich nichts mehr weiß vom principium individuationis, daß der *Unterscheid* aufhört zwischen der Welt und mir.[49]

Der Autor dieser Sätze, der sehr produktive Schriftsteller und Philosoph Fritz Mauthner (1849–1923), ist heute vor allem durch eine gegen ihn gerichtete Bemerkung in Wittgensteins *Tractatus Logico-Philosophicus* bekannt: »Alle Philosophie ist ›Sprachkritik‹ (Allerdings nicht im Sinne Mauthners).«[50] Zum Teil aufgrund dieser abschätzigen Beurteilung hatte Mauthner praktisch keinen Einfluss auf die Philosophie im 20. Jahrhundert.

Wie sein Beinahe-Zeitgenosse war Mauthner – der in einer böhmischen Kleinstadt geboren wurde, in Prag aufwuchs und Tschechisch, Deutsch und Hebräisch sprach – ein Produkt der feinsinnigen, hochgebildeten Kultur des späten Habsburgerreiches, und Wittgensteins sehr einflussreiche Philosophie bediente sich bei Ideen, die von Mauthner entlehnt waren. Als Wittgenstein die Sprachkritik mit dem Hinaufsteigen auf einer Leiter verglich, die man dann wegstößt, und von der Sprache schrieb, als sei diese eine alte Stadt oder ein Spiel, knüpfte er an Formulierungen an, die auf den ersten dreißig Seiten von Mauthners dreibändigem Werk *Beiträge zu einer Kritik der Sprache* (Stuttgart und Berlin 1901/02, 3. Auflage 1923) auftauchen.[51] Doch Mauthners Schriften sind auf erfrischende Weise anders als Wittgensteins Spielart der Philosophie. In vielfacher Hinsicht bildet Wittgenstein den Gegenpol zu seinem vergessenen Vorläufer, von dem er so vieles übernahm.

Von den Philosophen missachtet, hatten Mauthners Sprachuntersuchungen auf die Literatur jedoch einen wesentlich größeren Einfluss. Samuel Beckett – jener Autor des 20. Jahrhunderts, der sich am entschiedensten bemühte, die Sprache an ihre Grenzen zu führen – las Mauthners *Beiträge zu einer Kritik der Sprache* gegen Ende der 1930er Jahre, machte sich dabei ausgiebige Notizen (von denen er einige James Joyce vorlas) und hatte Mauthners dreibändiges Werk auch 40 Jahre später noch in seinem Bücherregal stehen. In einem Brief, den er 1978 schrieb, bestätigte Beckett, dass Mauthners Kritik sein Werk beeinflusst habe:

> Für mich lief es auf Folgendes hinaus:
>
> Gedachte Worte
> Worte leer
> Gedanken leer
> Somit war ich unbeschwert[52]

Beckett führte dies näher aus in einem Tagebucheintrag ungefähr aus der Zeit, als er Mauthners Schriften kennenlernte:

> Wir spüren mit schrecklicher Resignation, dass die Vernunft keine übermenschliche Gabe ist, die der Menschheit verliehen wurde, dass sie keine unveränderliche und ewige Gottheit ist, dass sich die Vernunft in Menschlichkeit entwickelt hat und sich entwickelt hat in das, was sie ist, dass sie sich aber auch anders hätte entwickeln können … Was wir als ewige und unveränderliche feststehende Gesetze unseres geistigen Daseins betrachten, ist lediglich ein Spiel, das gespielt wird durch die Zufälligkeit, die die Welt ist; wenn wir erkennen, dass unsere Vernunft (die im Grunde die Sprache ist) nur eine zufällige Vernunft sein

> kann, dann werden wir nur lächeln, wenn wir daran denken, mit welcher argumentativen Leidenschaft die Anthropologen über Fragen der Sitten, des Glaubens und über kollektive psychologische »Tatsachen« gestritten haben.[53]

Der Einfluss Mauthners wurde am deutlichsten in Becketts 1953 veröffentlichem Roman *Watt* spürbar, den dieser während seiner Mitwirkung in der französischen Resistance schrieb, als er sich vor der Gestapo verstecken musste; die zentralen Themen des Romans sind die Schwierigkeit der Kommunikation und die Unfähigkeit, Wissen zu erlangen. Doch Mauthners Zweifel an der Sprache klingen in Becketts Werk immer wieder an. Am Ende des ersten Bandes seines Werkes stellt Mauthner fest: »Reine Kritik ist im Grunde nur ein artikuliertes Lachen.«[54] Auch Becketts lebenslanger Kampf mit der Sprache endete schließlich im Lachen – den Spötteleien und dem Gelächter in seinen Dramen und dem lapidaren Humor in seiner späten Prosa – und schließlich in dem »Schweigen, das allem zugrunde liegt«.[55]

Wie Mauthner versuchte auch Beckett in seinen Werken das Unsagbare zu sagen. In einem Brief drückte er es folgendermaßen aus: »Auf dem Weg zu dieser Literatur des Nichtwortes, die mir so erstrebenswert erscheint, kann eine gewisse Art von nominalistischer Ironie ein notwendiges Übergangsstadium sein.«[56] Still zu werden bedeutete, den inneren Monolog zum Verstummen zu bringen, der das zweifelhafte Privileg der menschlichen Selbstwahrnehmung ist, eine Aufgabe, die zahllose Experimente mit der Sprache erforderte. Da Menschen nicht im Schweigen leben können, war dieses absichtliche Wortspiel eine Torheit, wie Beckett in seinem letzten Text erkannte, einem unvollendeten Werk, das er einige Monate vor seinem Tod in einem Pflegeheim schrieb:

folly –
folly for to
for two –
folly from this –
all this ...
what is the word –
what is the word[57]

Wenn Becketts Werk auf das Schweigen abzielte, dann nicht deswegen, weil er geglaubt hätte, das Schweigen brächte Ruhe. Mauthner hatte geschrieben:

> Das Ruhebedürfnis verleitet den Menschengeist, in der Wüste seines Erkenntnisstrebens die Fata Morgana eines Ruheplatzes zu sehen; die Forscher glaubten an ihre Wurzeln. Immer und überall ist die Wissenschaft einer Zeit der Ausdruck für das sehnsüchtige Ruhebedürfnis des armen Menschengeistes. Nur die Kritik, wo sie in einem noch ärmeren Kopfe lebendig ist, darf nicht ruhen, weil sie nicht ruhen kann. Sie muß die Wissenschaft aus ihrem Schlafe reißen, ihr die Illusion der Oase nehmen, und sie weiter treiben auf dem heißen, mörderischen und vielleicht ziellosen Wüstenwege.[58]

Wittgensteins Ziel war ein Ruheplatz jener Art, wie ihn Mauthner beschrieb. Auch in seinem *Tractatus* betrachtete Wittgenstein die Philosophie anscheinend als eine Therapie, die ihn vom Zweifel befreien würde. In seinem späteren Werk polemisierte er unermüdlich gegen den Skeptizismus, aber nicht indem er eine alternative philosophische Position formulierte – der späte Wittgenstein behauptete, er würde keine solchen Positionen vertreten –, sondern indem er erklärte, skeptisches Infragestellen resultiere aus einem irrigen

Denken über Worte. Die Umgangsprache sei eine notwendige Lebensform, die außer ihrer selbst nichts benötige – und auch nichts zulasse. Die Menschen seien Figuren in einer Welt, die sie sich selbst geschaffen hatten. Ruhe – jene Art von Ruhe, derer sich Wittgenstein erfreuen zu können hoffte, wenn er die Philosophie aufgeben konnte – bedeutete zu akzeptieren, dass diese menschliche Welt alles ist, was jemals sein kann.

Auch Mauthners Werk verfolgte ein therapeutisches Ziel, das allerdings nicht darin bestand, Ruhe zu finden durch die Beseitigung des Zweifels. Mauthner, wie Hulme und Beckett ein radikaler Nominalist, wollte den Geist ein wenig aus dem Griff der Worte lösen. Doch anstatt dem Drang Einhalt zu gebieten, über die Worte hinauszugehen, wollte er diesem Drang folgen, wohin dieser ihn auch führen mochte. Seine Schriften über Mystik zeigen, wohin er dadurch gelangte. Der entschiedene Atheist Mauthner, der auch ein vierbändiges Werk über die Geschichte des atheistischen Denkens verfasste, bemerkte, dass »Atheismus« – wie auch »Gott« – lediglich ein Wort sei. Sein Atheismus hat nichts gemein mit der religiösen Ungläubigkeit seiner oder unserer Zeit. In seiner reinen Form hat Atheismus ebenso wenig mit Unglauben zu tun wie Religion mit Glauben. Im strengen Sinne ist Atheismus eine vollkommen negative Haltung. Wer die Auffassungen oder Behauptungen der Gottgläubigen verneint, ist noch kein Atheist. Ein Atheist ist vielmehr einer, der nichts anfangen kann mit den Konzepten und Lehren der Gottgläubigen und keinen Bedarf dafür hat.

Ein solcherart rigoroser Atheismus hat etwas mit einer negativen Theologie zu tun, die bestreitet, dass sich Gott durch Ideen oder Glaubensüberzeugungen fassen lässt. Mauthner bewunderte Meister Eckhart, einen christlichen Mystiker des 13. und 14. Jahrhunderts (um 1260–1327/1328), der von der Inquisitionskommission als Häretiker angeklagt wurde und während des Prozesses unter ungeklärten Umständen starb. Mauthner betrachtete Eckhart als wahren Atheisten, weil dieser darauf beharrte, dass über Gott nichts gesagt werden könne – nicht einmal, dass Gott existiere.

Vertreter der negativen Theologie benutzten die Sprache so, wie sie nach Mauthners Auffassung benutzt werden sollte: um auf etwas hinzuweisen (nicht auf einen Gegenstand im gewöhnlichen Sinne), das mit Worten nicht ausgedrückt werden kann. Wenn nur real ist, was mit Worten erfasst werden kann, dann ist Gott in dieser Hinsicht nicht real. Dasselbe gilt für alle allgemeinen Begriffe wie »Materie« und »Menschheit« – es sind Abstraktionen, die in die Katechismen des Unglaubens Eingang gefunden haben. Atheismus bedeutet nicht, den »Glauben an Gott« abzulehnen. Er bedeutet, den Glauben daran aufzugeben, dass Sprache irgendetwas anderes sei als eine praktische Zweckdienlichkeit. Die Welt ist keine Schöpfung der Sprache, sondern etwas, das – wie der Gott der negativen Theologen – sich der Sprache entzieht. Der Atheismus ist nur ein Stadium auf dem Weg zu einem wesentlich weiter reichenden Skeptizismus.

Mauthner nannte diese Sichtweise – »um doch auch ein Wortsymbol zu haben« – eine gottlose Mystik.[59] Was er zu artikulieren versuchte, konnte nicht mit Sprache ausgedrückt werden. Das hieß aber nicht, es hätte nichts auszudrücken gegeben. In seinem *Tractatus* (7.7) traf Wittgenstein seine berühmte Feststellung: »Wovon man nicht sprechen kann, darüber muß man schweigen.« Aufgrund seiner Einstellung zur Sprache, die er später entwickelte, gab es für Wittgenstein nichts, worüber er schweigen musste. Für Mauthner hingegen war das, worüber man nicht sprechen kann, wichtiger als das, was sich in Worte fassen lässt.

Gottlose Mystiker streben nicht danach, mit etwas Größerem zu verschmelzen, das sie in ihrer Phantasie erschaffen haben; sie versuchen ihr nichtexistierendes Selbst auszulöschen. John Ashbery fand dafür folgende Worte:

Der Sand rast
Im Stundenglas. Aber es ist Zeit
Zu wechseln, dieses allzu vertraute Bild
Vollständig zu zerstören
Das im Glas lauert
Jeden Morgen, am Rand des Spiegels.[60]

3 Ein neues Sonnenlicht

Gewinnen sie die Oberhand, diese fallenden grauen Flocken?
Es sind Sonnenteilchen. Du hast in der Sonne geschlafen,
Länger als die Sphinx, und bist nicht schlauer als zuvor.

John Ashbery[1]

Das lichtdurchflutete Prisma

»Die Luft ist kühl, sie duftet nach Heu und Blumen. Amseln und Drosseln singen. Der Falke fliegt gemächlich zum fernen Wald; er trägt eine tote schwarze Mauerschwalbe in seinen Fängen. Dieser Ort ist jetzt anders als noch vor zwei Stunden. Es gibt kein geheimnisvolles Wesen, dass einen ›Ort‹ kennzeichnet. Ort ist Veränderung. Seine Bewegung wird durch den Geist zunichte gemacht und in der Schatztruhe der Erinnerung bewahrt.«[2] Diese Gedanken über das Wesen eines Ortes stammen von einem Mann, der sich zehn Jahre lang in einem kleinen Flecken in Essex der Beobachtung von Vögeln widmete. In seinem Buch *The Peregrine* (dt. Ausgabe: *Ich folgte dem Falken*) berichtete J.A. Baker von seiner Beschäftigung mit dem Wanderfalken. »Zehn Jahre lang bin ich dem Wanderfalken gefolgt. Ich war von ihm besessen. Er war für mich ein Gral.«[3] Baker war kein Vogelbeobachter im herkömmlichen Sinn, obwohl er viel über die Lebensweise der Vögel lernte. Er war auch kein Jäger, obwohl er darüber berichtete, wie er den Wanderfalken bei seinen Jagdstreifzügen einsetzte. »Wohin auch immer er in diesem Winter zieht, ich werde ihm folgen. Ich werde die Angst und die Erregung und die Langeweile des

Jagdlebens mit ihm teilen. Ich werde ihm folgen, bis das bewegte Farbenspiel, das in die Tiefe seines leuchtenden Auges dringt, beim Anblick meiner raubtierhaften Menschengestalt nicht mehr von Schrecken verdunkelt wird. Mein heidnisches Haupt soll im winterlichen Land versinken und dort geläutert werden.«[4]

Bakers Buch – in dem er die zehn Jahre in einem einzigen Winter verdichtete – wurde als Naturschilderung verstanden. Doch es unterscheidet sich deutlich von den meisten Büchern dieses Genres, die zeigen möchten, welchen Gewinn die Menschen aus der Beobachtung der Natur ziehen können. Bakers Ziel war radikaler. *The Peregrine* ist eine Hommage an das Gefühl der Freiheit, das Baker empfand, als er den Vogel im Flug beobachtete; darüber hinaus ist das Buch ein Bericht über das Bemühen des Autors, die Landschaft, in der er dem Vogel folgte, durch die Augen dieses Vogels zu sehen. Er folgte dem Wanderfalken nicht, um ihn zu beobachten, sondern weil er versuchen wollte, der Perspektive eines menschlichen Betrachters zu entrinnen.

Zuweilen glaubte Baker, er habe seine menschliche Identität bereits abgestreift und sei selbst zu diesem Vogel geworden:

> … Ich schloss meine Augen und versuchte mein Selbst einfließen zu lassen in das lichtdurchflutete Prisma des Falkengeistes. Warm und mit festen Beinen im hohen Gras stehend, das nach Sonne roch, sank ich ein in die Haut und das Blut und die Knochen des Falken. Der Boden unter meinen Füßen wurde zu einem Zweig, die Sonne auf meinen Augenlidern war schwer und warm. Wie der Falke hörte und fürchtete ich die Geräusche des Menschen … Ich spürte den Drang nach Norden, das Geheimnis und die Faszination der wandernden Möwen. Ich teilte dieselbe ei-

> genartige Sehnsucht, davonzuziehen. Ich sank nieder und schlief den federleichten Schlaf des Falken. Dann weckte ich ihn auf durch mein Erwachen.[5]

Bei der Verfolgung des Falken verlor Baker sich selbst aus dem Blick.

> Meine Augen drehten sich schnell, suchten nach den sich bewegenden Köpfen von Menschen. Unbewusst ahmte ich die Bewegungen des Falken nach, wie in einem primitiven Ritual: Der Jäger wird zu dem, was er jagt. Ich schaute in den Wald. Im Schatten kauerte der Wanderfalke, beobachtete mich, das Ende eines toten Zweiges zwischen den Krallen. In diesen Tagen, die wir im Freien verbringen, leben wir das gleiche rauschhafte, angsterfüllte Leben. Wir weichen den Menschen aus. Wir fürchten ihre plötzlich nach oben schießenden Arme, ihre verrückten fuchtelnden Bewegungen, ihren ungleichmäßigen, scherenhaften Gang, ihr zielloses Umherstreifen, die Leichenblässe ihrer Gesichter.[6]

In seinem einzigen weiteren Buch, das er schrieb, *The Hill of Summer,* berichtete Baker von einer ähnlichen Identitätsveränderung bei der Begegnung mit einem Fuchs:

> Ich kam zu einer sonnenbeschienenen Lichtung, die von langen Schatten umschlossen war ... Das Farnkraut raschelte und teilte sich, und plötzlich tauchte ein Fuchs auf dem schmalen Weg vor mir auf. Mein Geruch war für ihn wohl wesentlich stechender als der Gestank seiner Schweißdrüsen für mich, doch lange tat er nichts. Er hatte sich sehr langsam bewegt, als überlege er, vielleicht war er nach seinem Tagesschlaf auch noch nicht ganz wach. Als ich sein hellgelb-weißes Gesicht beobachtete, das über sei-

nen bernsteinfarbenen Augen etwas dunkler war, glaubte ich zu spüren, wie die weiche Maske des Fuchses sich über mich stülpte. Ich spürte den übelriechenden Atem, die suchende Nase, die niemals ruht, den heißen Mantel der Sinne, die so scharf sind, dass sie für den Menschen unerträglich wären. Ich erstickte schier in der Maske des Fuchses, als wäre ich seine Erde, seine Zuflucht. Schließlich wich dieses eigenartige Gefühl; und dann war der Fuchs wieder da, ungefähr einen Meter vor mir. Ohne irgendein Anzeichen dafür, dass er mich als Feind wahrnahm, ging er langsam an mir vorbei und verschwand im Gestrüpp.[7]

Abgesehen von Bauern und Jägern, deren Geräusche er in der Ferne hört, ist Baker der einzige Mensch, der in diesen beiden Büchern auftaucht, und er tritt nur selten in Erscheinung. Nach den spärlichen Informationen, die über ihn verfügbar sind, war sein Leben wenig ereignisreich. Der Sohn eines technischen Zeichners, der in einer Maschinenbaufirma arbeitete, verbrachte sein gesamtes Leben (1926–1987) im englischen Chelmsford, schloss mit 16 Jahren die Schule ab, besuchte aber keine Universität. Aus Briefen an einen Freund ist bekannt, dass er in verschiedenen Berufen arbeitete, meistens nur für kurze Zeit, darunter auch einige Monate als Mitarbeiter im British Museum. Schließlich wurde er Leiter des örtlichen Automobilclubs, dann Geschäftsführer einer Niederlassung der Getränkefirma Britvic. Trotz seiner Tätigkeit für den Automobilclub lernte er nie Auto fahren. Zu seinen Vogelbeobachtungen fuhr er mit dem Rad in die Umgebung von Chelmsford. Seine Beschäftigung mit dem Wanderfalken, die teilweise auch in seinen Tagebüchern beschrieben wird, die in seinen *Complete Works* enthalten sind, erstreckte sich von Mitte der 1950er bis Mitte der 1960er Jahre. Als *The Hill of Summer* erschien, war er infolge einer rheumatoiden Arthritis schon teilweise körperbehindert, doch mit Hilfe seiner Ehefrau Doreen (mit der er 31 Jahre verheiratet war und der er *The Peregrine* widmete) konnte er seine Vogelbeobachtungen fortsetzen; sie fuhr ihn hinaus aufs Land, wo er auf einem Stuhl sitzen oder umhergehen konnte, und holte ihn abends wieder ab. Baker starb an Krebs, der eine Nebenwirkung seiner Arthritisbehandlung war.

Bei der Beobachtung des Wanderfalken zeigte sich Baker die Landschaft um Chelmsford in einem anderen Licht. »Ich habe versucht, die Schönheit dieses Vogels und den Zauber des Landes, in dem er lebte, zu vermitteln, den Zauber eines Landes, das für mich so überreich und herrlich ist wie Afrika«.[8] Eine Veränderung der Perspektive enthüllte ihm ein anderes Land.

> Als er hinabblickte, sah der Falke, wie der große Obstgarten unter ihm zu dunklen dürren Linien und grünen Streifen schrumpfte; er sah, wie die dunklen Wälder näher zusammenrückten und sich bis zu den Bergen hin ausstreckten; er sah, wie die silbernen und weißen Felder braun wurden und der gewundene Fluss sich langsam entschlängelte; er sah, wie das Tal sich abflachte und weitete; er sah, wie der Horizont in der Ferne von Städten durchsetzt wurde; er sah, wie das blaue und silberne Flussdelta, durchzogen mit grünen Inseln, seinen Mund aufklappte. Und dahinter, hinter all dem, sah er die schroffe Küste des Meeres, die wie ein quecksilberner Rand an der Oberfläche des braunen und weißen Landes schwebte. Das Meer, das ruhiger wurde, als er hochstieg, schickte seinen gleißenden Lichtsturm nach oben und kündete dem landumfangenen Falken donnernd von Freiheit.[9]

Das Land, das Baker kannte – »trübe, flach, trostlos, ein Land, das alle Sorgen ausbrennt« –, wurde ein neues Land. »Wie der Seefahrer lebt der Wanderfalke in einer sich verflüchtigenden Welt ohne Bindungen, einer Welt der Gezeiten, von Flut und Ebbe, eine Welt des Absinkens von Land und Wasser. Wir, die wir verankert sind und erdgebunden, können uns diese Freiheit des Auges nicht vorstellen.«[10]

»Am schwierigsten ist es«, schrieb Baker, »das zu sehen, was tatsächlich ist.«[11] Die Plätze, die er sah, veränderten sich und verschwanden mit der Änderung des Lichts. »Der Geist dieses Ortes ist flüchtig, er entweicht in die umgebende Luft. Doch am Rande des Blickfelds atmet etwas, wie einsetzender Regen. Es berührt die Sinne sanft, dann verschwindet es. Von Ferne scheint das Wäldchen ein einheitliches Wesen zu sein, die unerschütterliche Ruhe eines einzigen Baumes. Doch tritt man hinein, zerteilt sich diese Ganzheit plötzlich und zerfällt in mehr als einzelne Bäume.«[12] Das Licht zieht nicht über unveränderliche Orte hinweg. Wenn es über eine unbekannte Landschaft fällt, erschafft es die Orte, die das Auge erfasst. »Kalte Luft steigt vom Boden auf, wenn die Sonne untergeht. Die augenverbrennende Klarheit des Lichts verstärkt sich. Der südliche Rand des Himmels erglüht in einem tieferen Blau, dann in einem violetten Rot, wird dann lila und verdünnt sich schließlich ins Graue. Langsam legt sich der Wind und die stille Luft gefriert … Der lange, kalte Schein des Abendrots wirft klare Mondschatten. Es liegt ein tierisches Geheimnis in dem Licht, das sich auf die Felder legt wie ein gefrorener Muskel, der sich bei Sonnenaufgang wieder biegt und erwacht.«[13]

Baker bemühte sich nicht, seine Eindrücke auf eine sachliche, nüchterne Weise wiederzugeben. »Cotswold ist ein eigener Ort, weltabgeschieden, entlegen. Es hat ein eigenes Licht und eine eigene Kälte, einen eigenen Himmel und eine eigene Monarchie der Wolken. Es lässt sich mit Worten nicht erfassen.«[14] Die Landschaft schien ihm aus einer ursprünglichen Vergangenheit emporzusteigen. »Es war der klarste, kälteste Tag, den ich je erlebt habe. Nördlich des ... Teiches stand ein Reiher bis zu den Knien im Schnee. Der starke Wind brachte ihn nicht ins Wanken; seine langen grauen Federn waren nicht zerzaust. Königlich und festgefroren und tot stand er dort im Wind in seinem dünnen Sarkophag aus Eis. Er schien bereits durch Dynastien von mir getrennt. Ich habe ihn überlebt, wie der plappernde Affe den Dinosaurier überlebt hat.«[15]

Der Falke ermöglichte es Baker, aus der menschlichen Welt hinauszutreten. »Ich habe mich immer danach gesehnt, am Leben in der freien Natur teilzuhaben, dort draußen am Rande der Dinge zu sein, den menschlichen Schmutz von Einsamkeit und Stille fortspülen zu lassen, so wie der Fuchs in der kalten Weltabgeschiedenheit des Wassers sich seines eigenen Geruchs entledigt; als Fremder in die Stadt zurückzukehren, nur Gast in ihr zu sein.«[16] Als er in die Stadt zurückkam, überraschte ihn ihre Schönheit. Durch die Augen eines Falken gesehen, sahen die Werke der Menschen wie etwas Natürliches aus. »Falken müssen diese schotterigen Landstraßen wie Sandstrände erscheinen; die glatten Straßen müssen für sie wie ein Granitsaum in ödem Moorland leuchten. Alle monströsen Artefakte des Menschen sind für sie natürliche, unbeschmutzte Dinge.«[17]

Baker wusste, dass man in Wirklichkeit der menschlichen Welt nicht entrinnen konnte. Wenn er auch für kurze Zeit für sich selbst ein Fremder wurde, so hörte er doch nicht auf, ein Mensch zu sein. Er konnte die neuen Orte aufsuchen, die durch das Licht geschaffen wurden. Er konnte die menschlichen Ruinen nicht verlassen. »Mauern aus roten Ziegeln, aufgelockert durch gelbe Flechten, umschließen einen vergessenen Garten, die Stille eines verlassenen Hauses. Die weißen Blüten eines Pfirsichbaums hängen über der Mauer und leuchten strahlend weiß vor dem blauen Himmel. Dompfaffen singen darin, sie sind leise, erscheinen ferne und exotisch durch die porige Röte der Mauer. Ich kann mir die Brust des Hahns vorstellen, ziegelrot, sauber, weich und rein. Dies ist anscheinend das Herz des Waldes. Dort ist das Licht kräftiger, und man spürt eine bevorstehende Offenbarung. Aber das ist trügerisch.«[18]

Baker wusste, dass die natürliche Welt kein Hort des Friedens war. »Ich habe versucht, klar und deutlich die Grausamkeit des Tötens zu schildern. Allzuoft sind diejenigen, die den Falken verteidigen, stillschweigend darüber hinweggegangen. Der fleischfressende Mensch ist keineswegs besser. Es ist so leicht, die Toten zu lieben. Das Wort ›Raubvogel‹ ist ausgehöhlt von unsachgemäßem Gebrauch. Alle Vögel fressen irgendwann einmal lebendes Fleisch. Denken wir doch nur an die kaltäugige Drossel, diesen wendigen Fleischfresser der Rasenflächen, der Würmer aufspießt und Schneckengehäuse zertrümmert. Wir sollten nicht sentimental werden bei ihrem Gesang und das Töten vergessen, das sie erhält.«[19] Er wusste, wie viel Leid durch die Schönheit verborgen wurde. »So viel Grausamkeit wird von den schützenden Blättern gnädigerweise vor uns verborgen. Wir sehen selten die Knochen des Schmerzes, die über dem grünen Sommertag hängen. Die Wälder und Felder und Gärten sind Orte endlosen Erstechens, Aufspießens, Zerquetschens und Zerfleischens. Wir sehen nur, was an die Oberfläche tritt: die Farbe, den Gesang, den Nestbau und das Füttern. Ich glaube nicht, dass wir einen klaren Blick in die Tierwelt ertragen könnten.«[20] Wenn er durch den Wald geht und sieht, wie ein Dompfaff eine Knospe von einem Zweig abbeißt, muss er daran denken, wie sehr ein Vogelleben durch Gewalt geprägt wird: »Das Zerren und Drehen dieses Schnabels an der Knospe erinnerte mich an einen Wanderfalken, der seinem Opfer das Genick brach. Was immer vernichtet wird, der Akt der Vernichtung unterscheidet sich nicht sehr stark. Schönheit ist eine Dampfschwade aus der Grube des Todes.«[21]

Der Blick des Falken auf das Land war das Werk von Bakers Phantasie. Der Schrecken, vor dem er floh, war eine Welt, in der die Menschen nur Reflexionen ihrer selbst begegneten. Wenn er auch dieser Welt nicht entweichen konnte, so trat er doch nahe an den Rand der menschlichen Sichtweise heran. Ohne die Welt durch die Augen eines Vogels zu betrachten, gab er doch viel genug von sich auf, um durch Augen schauen zu können, die nicht länger jene waren, die er vorher besessen hatte. Nachdem er so viele Tage, so viele Jahre auf einem kleinen Flecken Erde verbracht hatte, betrachtete er Orte als vorübergehende Ereignisse, nicht als dauerhafte Gegebenheiten. »Die Jagd auf den Falken schärft das Vorstellungsvermögen. Das Land, das hinter dem fliegenden Vogel zurückweicht, zieht in Deltas von grell leuchtenden Farben am Auge vorbei. Der leicht gesenkte Blick dringt durch die Spreu der Oberfläche wie eine schräg geführte Axt in den Kern eines Baumes. Ein ausgeprägter Ortssinn entwickelt sich wie ein zusätzliches Glied.«[22] Nicht nur die Orte veränderten sich. Für Baker – der sich in den späteren Jahren seiner Beschäftigung mit dem Wanderfalken wohl bewusst war, dass aufgrund seiner Krankheit der Sand im Stundenglas schneller verrann – verging auch die Zeit anders. »Die Zeit wird von einer Blutuhr gemessen ... Es ist die Erinnerung an ein plötzliches Aufflammen oder Verblassen von Licht, die sich allein auf diese Stunde und diesen Ort und diesen Tag bezieht, eine Erinnerung, so leuchtend und lebendig für den Jäger wie brennendes Magnesium.«[23]

»Ein neues Sonnenlicht«, schreibt Stevens, »kann eine neue Welt erschaffen.«[24] Es gibt so viele Welten wie Veränderungen des Lichts. Wir sind zu sehr in uns selbst eingeschlossen, um diese entschwindenden Orte wahrzunehmen. Mönche und Mystiker versuchen den Geist zur Ruhe zu bringen, damit er das Immerwährende zu erfassen vermag. Baker tat das Gegenteil, er schärfte seine Sinne, so dass er Dinge mitbekam, die blitzartig auftauchten und verschwanden. »Meine Liebe zu den Vögeln ist spät erwacht. Jahrelang sah ich sie nur als ein Flimmern am Rand meines Blickfelds. Sie kennen Freude und Leid in einfachen Formen, die für uns undenkbar sind. Sie werden von einem Pulsschlag belebt und angefeuert, den unser Herz niemals erreichen kann. Sie rasen der Vergessenheit entgegen.«[25]

Menschen, die andere Lebewesen lieben, wird häufig vorgeworfen, diesen menschenähnliche Züge zuzusprechen. Das galt jedoch nicht für Baker. Anstatt andere Arten zu vermenschlichen, versuchte sich Baker an dem Experiment, sich selbst zu entmenschlichen. Indem er die Welt sah, wie, nach seiner Vorstellung, ein Falke sie sah, konnte er zeitweilig ein anderer sein als der, der er bisher gewesen war. Auch er ging auf das Vergessen zu und verlor sich selbst, als er dem Falken folgte.

Das Schweigen der Tiere

Das Streben nach Stille ist anscheinend eine dem Menschen eigene Aktivität. Andere Lebewesen reißen vor dem Lärm aus, aber das ist der Lärm von anderen, dem sie zu entrinnen versuchen. Nur Menschen wollen den Lärm in ihrem eigenen Geist zum Verstummen bringen. Des inneren Gemurmels müde, wenden sie sich der Stille zu, um das Geräusch ihrer eigenen Gedanken zu dämpfen. Es ist eine andere Art von Lärm, wonach die Menschen suchen, wenn sie sich um Stille bemühen.

Menschliche Einrichtungen, die zu dem Zweck geschaffen wurden, die Stille zu kultivieren, sind voll von diesem Lärm. Nur wenn sie leer sind, ist es still in den Kirchen – und oft nicht einmal dann. Die leiernden Gebete erzeugen eine niemals abklingende Geräuschkulisse, das dumpfe Echo der Anekdote vom Menschen, die monoton wiederholt wird. Dieser Lärm entfällt in Kirchen, die aufgegeben wurden, vor allem wenn sie schon lange nicht mehr genutzt werden. Eine Kirche, die längere Zeit den Naturgewalten ausgesetzt war, birgt eine Stille, die nicht in einer Kirche zu finden ist, die noch von Gläubigen aufgesucht wird.

In seiner Einführung zu *Reise in die Stille*, einem Bericht über seine Aufenthalte in französischen Klöstern in den 1950er Jahren, beklagt der Reiseschriftsteller und frühere Offizier Patrick Leigh Fermor den Verfall, der viele dieser Einrichtungen erfasst hat:

> Diese Ruinen erheben sich aus den Feldern wie die Spitzen eines versunkenen und unter vier Jahrhunderten begrabenen Atlantis. Die ausgeweideten Klöster stehen nutzlos zwischen Ackerfurchen, und die ursprüngliche Symmetrie der Bogen- und Wandelgänge ist nur anhand der geborstenen Säulen zu erkennen. An ihrer Basis wachsen Holunderbüsche und wuchern Farne und Brombeeren, und ihre Spitzen sind durch Bogen und zerbrochene Spandrillen verbunden, die sich in eleganten Kurven hoch über Baumwipfel wölben. Säulengruppen stützen den großen, leeren Kreis einer Rosette vor einem von Krähen bevölkerten Himmel. Es ist, als wäre vor Hunderten von Jahren ein gewaltiger Gregorianischer Choral jäh unterbrochen und auf seinem Höhepunkt in Stein verwandelt worden.[26]

Leigh Fermor erscheint nicht unbedingt wie ein Mensch, der dringend der Ruhe bedurfte. Der Abenteurer, Bonvivant und charmante Gesellschafter hatte 1933 im Alter von 18 Jahren eine legendäre Reise zu Fuß quer durch Europa unternommen, ein Erlebnis, das viele Jahre später – er war auch ein Perfektionist – als Grundlage für zwei außerordentlich lebendig und mitreißend geschriebene Reisebücher diente, *A Time of Gifts* (1977) und *Between the Woods and the Water* (1986). Im Zweiten Weltkrieg gehörte er der britischen Special Operations Executive an; in dieser Zeit lebte er zwei Jahre auf Kreta, getarnt als Schäfer, und leitete einen Trupp, der den deutschen Militärbefehlshaber auf der Insel entführte – eine Episode, die in dem Film *Ill Met by Moonlight* (1957) dargestellt wurde. Bis zu seinem Lebensende – er starb 2011 im Alter von 96 Jahren – war er sehr aktiv, schwamm noch mit Ende achtzig im Ägäischen Meer und gönnte sich noch am Tag vor seinem Tod ein erlesenes Mahl.

Dass sich ein solcher Mensch nicht nach Stille sehnen kann, ist eher ein Vorurteil als eine wohlbegründete Tatsache. Das Handeln mag vom Schicksal bestimmt sein, doch der Hunger nach Leben beseitigt nicht das Bedürfnis nach innerer Einkehr. Angesichts eines Weltkrieges, in dem alles, was er an der menschlichen Zivilisation wertschätzte, ausgelöscht werden konnte, blieb Leigh Fermor keine andere Wahl, als zu kämpfen. Ebenso wie Arthur Koestler konnte er in dem Konflikt nicht länger abseitsstehen. Doch Handeln ist nicht das ganze Leben oder nicht immer das Wichtigste im Leben, und häufig sind es gerade besonders aktive Menschen, die am stärksten der Reflexion und der Besinnung bedürfen. Moderne Zeitgenossen gehen in übertriebener Weise von sich selbst aus, wenn sie annehmen, dass besonders wagemutige und abenteuerlustige Menschen sich mit der Gesellschaft anderer Menschen zufriedengeben würden.

Leigh Fermor hätte wohl zugestimmt, dass in den trostlosen Überresten ehemaliger Klöster eine andere Art von Stille herrscht als in noch genutzten Gotteshäusern, doch er bedauerte den Niedergang des klösterlichen Lebens. Das war berechtigt. Kirchen und Klöster zeigen, dass Stillsein nicht die normale menschliche Befindlichkeit ist. Sich selbst zum Schweigen zu bringen – und erst recht andere –, das gehört zur Natur des Menschen, nicht aber, still zu sein. Deshalb sind die Menschen gezwungen, die Stille zu suchen. Die Abteien und Konvente, die es in vormodernen Zeiten überall in Europa gab, und die Siedlungen von Mönchen und Nonnen, die in Tibet existierten, bis sie im späten 20. Jahrhundert zwangsweise aufgelöst wurden, waren nicht lediglich Überbleibsel des Feudalismus. Sie legten Zeugnis ab von einem grundlegenden menschlichen Bedürfnis, das in modernen Gesellschaften unterdrückt wird, jedoch weiterhin nach Befriedigung verlangt.

Wenn die Stille nicht mehr gepflegt wird, liegt dies daran, dass das Eingestehen dieses Bedürfnisses bedeuten würde, die eigene innere Ruhelosigkeit zu akzeptieren – einen Zustand, der zu anderen Zeiten als Qual betrachtet worden wäre, heute aber als Tugend gepriesen wird. »[Ich habe] häufig gesagt«, schreibt Blaise Pascal, »daß das ganze Unglück der Menschen aus einem einzigen Umstand herrühre, nämlich, daß sie nicht ruhig in einem Zimmer bleiben können.«[27] Wenn man sich das Bedürfnis nach Stille eingesteht, akzeptiert man, dass ein Großteil des eigenen Lebens auf Zerstreuung ausgerichtet ist. »Daher vermeiden die Menschen, die von Natur aus ihre Lage wahrnehmen, nichts so sehr wie die Ruhe; sie lassen nichts unerprobt, um die Aufregung zu suchen.«[28]

Betrachtet man das Leben als einen Zustand ständiger Unruhe, möchte man die ganze Zeit durch irgendetwas beschäftigt oder in Anspruch genommen werden. Die Arbeit wehrt die schwerere Last des Müßiggangs ab, und sogar das tägliche Pendeln zum Arbeitsplatz trägt dazu bei, das innere Gemurmel zu dämpfen. Ständig durch irgendetwas beschäftigt zu sein, ist eine traditionelle Art der Ablenkung. Erst in jüngster Zeit aber ist das Streben nach Ablenkungen zum Sinn des Lebens geworden.

Die Stille zu suchen bedeutet einzusehen, dass das aktive, handelnde Leben nicht genügt, was heute wohl nur wenige Menschen eingestehen werden. Altmodische religiöse Menschen mit einem starken Glauben, die akzeptieren, dass Erfüllung nicht in der Welt zu finden ist, sind realistischer. Doch Gläubige haben ihre eigenen Ablenkungen, und dazu gehört die Idee, dass das Bedürfnis nach Stille ein Kennzeichen der Überlegenheit der Menschen gegenüber anderen Lebewesen sei. In seinem Buch *Die Welt des Schweigens* schreibt der katholische Schweizer Theologe Max Picard:

> Das Schweigen der Tiere ist anders als das Schweigen der Menschen. Das Schweigen der Menschen ist durchsichtig, hell, weil es dem Worte gegenübersteht, jeden Augenblick das Wort aus sich herauslassend und jeden Augenblick es wieder in sich aufnehmend ... Das Tier hingegen hat ein schweres Schweigen. Blockartig, versteinert ist es im Tier. Das Tier schreit über die Blöcke des Schweigens hin, es will sich wegreißen von ihnen durch Wildheit, aber es ist gefesselt an sie.
> Isoliert ist das Schweigen im Tier, daher ist das Tier einsam.
> Es ist, als sei das Schweigen materienhaft greifbar am Tier, es durchsetzt auch sein Äußeres, und das Tier ist unerlöst nicht nur, weil es das Wort nicht hat, sondern auch: das Schweigen im Tier selbst ist unerlöst, es ist ein hartes, gestocktes Schweigen.[29]

Das Schweigen anderer Geschöpfen ist von anderer Qualität, doch Picard beschreibt den Unterschied unzutreffend. Während Schweigen für andere Lebewesen ein natürlicher Ruhezustand ist, stellt es für den Menschen eine Flucht vor innerem Trubel dar. Von Natur aus sprunghaft und disharmonisch, strebt das menschliche Tier nach Stille als Befreiung von sich selbst, während andere Geschöpfe die Stille als ihr Geburtsrecht genießen. Die Menschen sehnen sich nach Stille, weil sie eine Erlösung von sich selbst zu erlangen hoffen, andere Tiere leben in Stille, weil sie keiner Erlösung bedürfen.

Durch Picards Gegenüberstellung der Eigenschaften tierischen und menschlichen Schweigens wird der Mensch in ähnlicher Weise auf ein Podest gehoben, wie es Martin Heidegger mit seiner Aussage tat, dass andere Lebewesen »weltarm« seien. In Heideggers neochristlicher Sicht existieren Ratten und Tiger, Gorillas und Hyänen einfach nur und reagieren passiv auf die sie umgebende Welt. Da ihnen das geheimnisvolle »Sein«, aus dem sie hervorgegangen sind, nicht zugänglich ist, sind andere Lebewesen nicht mehr als Objekte. Die Menschen dagegen sind keine Objekte, denn sie gestalten und formen die Welt, in der sie leben.

Diese abgedroschene alte Leier vergisst man am besten. Jedes empfindungsfähige Geschöpf ist ein Weltgestalter. Die gleitende Welt des Falken ist ebenso eine Schöpfung des Falken wie unsere landumschlossene Welt eine Schöpfung von uns Menschen. Andere Lebewesen mögen in einer gewissen Hinsicht arm sein, doch ihre Armut ist ein Ideal, das die Menschen niemals werden verwirklichen können. Wenn die Christen und ihre humanistischen Nachfolger das Schweigen der Tiere herabwürdigen, mag es der Neid sein, der sie dabei leitet.

Der Unterscheid zwischen dem menschlichen und dem tierischen Schweigen ist eine Folge des Sprachgebrauchs. Der

Diskurs der Vögel ist mehr als eine menschliche Metapher. Katzen und Hunde bewegen sich im Schlaf und reden mit sich selbst, während sie ihren Tätigkeiten nachgehen. Nur Menschen benutzen Worte, um ein Selbstbild und eine Geschichte ihres Lebens zu entwerfen. Doch auch wenn anderen Lebewesen dieser innere Monolog abgeht, ist unklar, warum dies die Menschen auf eine höhere Ebene stellen soll. Warum sollte das Brechen des Schweigens, dem ein lautstarkes Bemühen um seine Wiederherstellung folgt, eine derartige Leistung sein?

Häufig wird die Einzigartigkeit der Menschen mit dem sogenannten Bewusstsein begründet. Die fortgeschrittenste Variante dieser Denkweise läuft auf die Annahme hinaus, das Universum hätte Menschen hervorgebracht, damit es sich selbst betrachten kann:

> Wir kommen aus dem Nichts und kehren zu ihm zurück.
> Es borgt uns aus an die Zeit, und wenn wir
> Daliegen in stiller Betrachtung der Leere,
> Heißt es, dass wir spüren, wie sie uns betrachtet.
> Das ist falsch, aber wer könnte die Wahrheit ertragen.
> Wir selbst sind die Leere, die betrachtet wird.
> Wir sind ihr einziger Nerv, ihre Hand und ihr Auge.[30]

Menschen sind eine sich selbst betrachtende Leere. Ein schönes Bild – aber warum sollten Menschen auf diese Weise privilegiert werden? Menschen kommen nicht umhin, die Welt durch den Schleier der Sprache zu sehen. Wenn sie nach Stille streben, versuchen sie die Zeichen hinter sich zu lassen, die ihre Welt ausmachen. Dieses Bemühen ist so universell menschlich wie die Sprache. Durch Dichtkunst, Religion und das Eintauchen in die natürliche Welt versuchen die Menschen die Worte abzustreifen, die ihr Leben umhüllen. Das ist es im Grunde, was sie tun, wenn sie versuchen, still zu sein. Dieser Kampf kann nie erfolgreich sein, aber er wird dadurch nicht sinnlos.

Manche Philosophen mögen sagen, Menschen könnten niemals schweigen, weil ihr Geist aus Worten bestehe. Für diese törichten Logiker ist Schweigen nicht mehr als ein Wort. Die Sprache mit den Mitteln der Sprache zu überwinden ist offenkundig unmöglich. Wendet man sich nach innen, wird man nur Worte und Bilder finden, die Teil von einem selbst sind. Aber wenn man sich nach außen wendet – zu den Vögeln und den Tieren und den rasch sich verändernden Orten, an denen sie leben –, wird man vielleicht etwas hören, das über Worte hinausgeht. Auch Menschen können Stille finden, wenn sie es schaffen, die Stille zu vergessen, nach der sie suchen.

Ein Besuch im British Museum

Einem menschlichen Besucher muss das British Museum wie ein Verwahrungsort alter Götter erscheinen. Von den unterschiedlichen Artefakten, die es beherbergt, vermittelt keines ein solch intensives Gefühl von Vergänglichkeit wie die religiösen Bilder, die hier gesammelt sind. In dem Kuppelbau finden sich viele Objekte, die in längst untergegangenen Gesellschaften verwendet wurden, doch die Götterbilder stechen besonders hervor, weil sie zur Verehrung von Gottheiten geschaffen wurden, die als ewig galten. Einige der Schöpfer dieser Bilder mochten wohl auch diese Götter selbst als menschliche Artefakte betrachtet haben. Wenn sie erkannt hatten, dass die Gottheiten, deren Bildnisse sie hinterließen, nur Produkte der Einbildung waren – was mögen sie dann empfunden haben?

William Empsons um 1929/1930 entstandene »Homage to

the British Museum« ist eine Meditation über die Vergänglichkeit der Götter:

> Lassen wir hier die Kulturen der Völker auf uns wirken
> Und treffen wir unser Urteil über all ihre Gesetze und Regeln.
> Und dann, gehemmt durch ein natürliches Zaudern
> (Die Menschen suchen ständig nach einem Ausweg),
> Stehen wir hier und geben zu, dass wir keinen Weg kennen.
> Alles zu sein, das lasst uns eingestehen, heißt, überhaupt etwas zu sein.
> Oder stattet uns aus mit den Vorzügen des Zweifels.
> Lasst uns diesem Gott eine Handvoll Staub opfern,
> Auf dass seine Herrschaft über dieses Gebäude unverbrüchlich werde.[31]

Empson fand sich still damit ab, dass Götter ebenso sterblich und vergänglich sind wie die Lebensformen, die sie hervorgebracht haben und deren Heiligung sie dienen, und das ist heutzutage eine sehr seltene Sichtweise. Für jene, die nicht ohne einen Glauben leben können, ist jeder Glaube besser als keiner. Das macht die Anziehungskraft des Fundamentalismus aus, der den Mangel an Sinn durch einen willentlichen Akt zu überwinden verspricht. Daher kommt auch der götterschaffende Enthusiasmus der Humanisten, die das Erscheinen einer neuen Gottheit verkünden – die noch hässlicher ist als alle, die bislang verehrt wurden –, nämlich einer vergöttlichten Version ihrer selbst ...

In »The Pigeons at the British Museum« (1884) beschrieb Richard Jefferies die Tauben des Museums als Besucher, die das Gebäude als einen Bestandteil der natürlichen Welt betrachteten:

Für sie ist das Gebäude lediglich ein Felsen, durchsetzt mit praktischen Höhlen; sie nutzen die Außenseite für ihre Zwecke, dringen jedoch nicht tiefer in sie ein. Luft und Licht, die sonnenbeschienenen Kiesel, der grüne Rasen zwischen dem Gebäude und der äußeren Umzäunung – damit beschäftigen sie sich, und nur damit. Der dichte Verkehr auf der Oxford Street, der bis hierher zu hören ist, bedeutet ihnen nichts; der Kampf um Geld berührt sie nicht, sie lassen ihn vorüberziehen. Ebenso wenig die vielen Geister, die in der großen Bibliothek lesen und forschen, diese geistigen Bemühungen bedeuten für sie nicht mehr als das Beladen der Wagen auf der Straße. Weder das greifbare Produkt noch die intellektuelle Leistung besitzt für sie einen Wert – nur die Luft und das Licht. Auf den Galerien im Inneren des Gebäudes stehen Götterstatuen, auf deren gemeißelte Gesichtszüge jahrtausendelang die heiße östliche Sonne schien. Sie wurden durch menschliche Anstrengungen geschaffen, wie fehlgeleitet auch immer, und sie waren das Ergebnis menschlichen Denkens und menschlicher Handarbeit. Die Tauben flatterten seinerzeit um die Tempel von Griechenland und um die Säulenhallen, in denen die Philosophie geboren wurde. Aber für sie gibt es nur das Licht, die Sonnenstrahlen und die Luft des Himmels. Wir setzen unsere Arbeit fort und denken, wir meißeln unsere Götterbilder, und unsere Feder hält niemals inne in ihrer Tätigkeit; doch während die Jahrhunderte vergingen, sind wir immer am selben Platz geblieben. Die Tauben, die weder arbeiteten noch sich mit geistigen Fragen beschäftigten, besitzen das Sonnenlicht. Wäre ihre Position nicht zu bevorzugen?[32]

Jefferies wandte sich von den menschengeschaffenen Göttern, die im British Museum untergebracht waren, dem Licht und der Luft zu, wo er die Freiheit zu finden hoffte. Doch wonach Jefferies suchte, das hätte er überall finden können – auf einer überfüllten Straße, selbst in einer Kirche. Die Freiheit, nach der Naturmystiker jenseits der menschlichen Sphäre suchen, ist wie der spirituelle Raum der Gläubigen – ein menschliches Denk-Gebilde. Sich selbst zu entkommen versuchen, indem man dem eigenen Schatten nachjagt, ist ein vergebliches Unterfangen. Doch wenn man mit Augen sieht, die nicht von einer Schicht des Denkens bedeckt sind, wird man ein Bild erblicken, das man nur einmal zu Gesicht bekommt.

Grenzenlose Städte

Man muss sich nicht außerhalb der menschlichen Welt umsehen, um eine Szenerie zu entdecken, die nicht vom Menschen geschaffen wurde. Selbst die menschliche Welt ist für die Menschen unerkennbar: Siedlungen, die sie für sich gebaut haben, können undurchdringlich wie Urwälder sein.

> Ich kannte einen Mann, der weit entfernt von London im Sterben lag und der eigenartig seufzte, als er den Rauchschwall erblickte, den man an einem Bahnsteig der Untergrundbahn sehen kann und der in großen, wollartigen Knäueln einer kreisförmigen Öffnung entweicht, durch ein schmieriges, rostiges Eisenblech, und emporsteigt in das Dämmerlicht. Er wollte dies noch einmal sehen, so wie andere sich wünschen, noch einmal die Bucht von Neapel zu sehen, die Olivenhaine von Catania. Ein anderer wollte noch einmal – und wie sehr er es wollte! – den Taubenteppich auf dem Kies vor einer bestimmten Museumstreppe sehen; die seltsame, unansehnliche Figur eines geschun-

denen Mannes mit Zylinder, der eine Tüte mit Brotkrumen in der Hand hält, mit den Tauben, die auf seinen Schultern sitzen und auf den Händen, die sich zwischen seinen Beinen sammeln und wie ein Strahlenkranz um seinen Kopf herumflattern.

London ist voll von diesen »kleinen Dingen«. Nur selten sieht man gleichzeitig so viel davon wie in jeder beliebigen Stadt auf dem Lande ... Aus der Ferne betrachtet, ist es eine Wolke am Horizont. Von den dunklen Bergen Surreys aus gesehen in der Nacht, über der tiefschwarzen Silhouette aus Heide, aus Kiefernwipfeln und aus Ulmen, kann man einen düster und unheimlich funkelnden Himmel sehen. Das ist London – so zeigt es sich in den Wolken.[33]

Diese Passage stammt aus dem Buch *The Soul of London* (1905) von Ford Madox Ford, einem Romancier, Dichter und Literaturkritiker, der hier die Technik des Impressionismus, mit der er sein innovativstes Werk hervorbrachte, auf die Beschreibung der Stadt anwendete. In *The Good Soldier* (1915) (dt. Ausgabe: *Die allertraurigste Geschichte*) veränderte Ford das Wesen des Romans, indem er eine Geschichte erzählte, die alle Lücken und Unzulänglichkeiten des tatsächlichen Lebens und der Erinnerung aufwies. Die Fiktion eines allwissenden Beobachters der menschlichen Welt wurde aufgegeben zugunsten des Versuchs, die Flüchtigkeit der Erfahrung nachzuempfinden. In dem vierbändigen Werk *Parade's End* (1924–1928), vielleicht der bedeutendste englische Roman des 20. Jahrhunderts, bediente sich Ford einer ähnlichen Technik, um die Auswirkungen des Ersten Weltkriegs auf England einzufangen. Er ersetzte die erzählerische Beschreibung durch die Unregelmäßigkeiten der Wahrnehmung und der Erinnerung, wodurch er eine größere Genauigkeit zu erreichen versuchte. Anstatt eine zusammenhängende Geschichte zu erzählen, präsentiert er die Erlebnisse einer einzelnen Person; in dieser Person jedoch fließen alle Empfindungen zusammen, sie ist kein kontinuierlicher Akteur oder Beobachter.

Fords literarischer Impressionismus entstand ungefähr zur selben Zeit wie der Impressionismus in der Malerei, und zwischen beiden gibt es Ähnlichkeiten. Ging es den impressionistischen Malern nicht darum, Dinge darzustellen, sondern Empfindungen festzuhalten, so versuchte Ford, die flüchtigen Erlebnisse zu erfassen, die unser Leben ausmachen. Die Welt als ein Konstrukt aus festen Dingen zu betrachten, ist gewissermaßen eine Halluzination. Rasch verschwindende Szenen erfordern die starre Beständigkeit von Illustrationen und von Exponaten in Museen. Der literarische Impressionismus war der Versuch eines neuartigen Realismus.

Ford zitiert ein Gedicht von Tennyson als Beispiel für jene Art des Schreibens, die er kritisiert:

> Und Fledermäuse schwirrten umher in duftenden
> Himmeln
> Und verschoben oder entzündeten die hauchdünnen
> Gebilde
> Welche die Dämmerung heimsuchen, mit Hermelinmützen
> Und wolligen Brüsten und wachsamen Augen.

Ford bemerkt dazu:

> Das ist zweifellos eine sehr interessante naturgeschichtliche Darstellung, hat aber gewiss nichts mit Impressionismus zu tun, weil niemand, der eine Fledermaus in der Dämmerung beobachtet, den Hermelin wahrnehmen könnte oder die Wachsamkeit der Augen. Solche Dinge kann man in Büchern lesen oder im Museum oder im Zoologischen

> Garten beobachten. Oder man kann eine tote Fledermaus auf der Straße aufheben. Doch in die Darstellung der Beobachtungen eines Augenblicks die Beobachtung eines völlig anderen Augenblicks einzubauen, das ist kein Impressionismus. Denn Impressionismus ist etwas gänzlich Vorläufiges ... Jedes impressionistische Werk, sei es in der Gestalt von Prosa oder Vers, sei es ein Gemälde oder eine Skulptur, ist der Eindruck eines Augenblicks; es ist keine abgerundete, kommentierte Darstellung bestimmter Umstände oder Gegebenheiten – es ist die Darstellung der Erinnerung an Umstände oder Gegebenheiten, die zehn Jahre zurückliegen kann – oder auch nur zehn Minuten. Es mag nur der Eindruck eines Augenblicks sein – aber es ist der Eindruck, keine chronologisch folgerichtige Beschreibung.[34]

In dieser impressionistischen Sicht ist die Welt, die von den Menschen erlebt wird, nicht eine unvollkommene Abbildung einer Wirklichkeit, die eines Tages vollständiger erkannt werden wird. Da sie die Natur des Tieres widerspiegelt, die sie erschafft, ist die menschliche Welt eine Aneinanderreihung von Bruchstücken. Eine vollkommene Wahrnehmung der Dinge ist nicht möglich, denn die Dinge verändern sich jedes Mal, wenn sie wahrgenommen werden.

Manche Philosophen vertreten die Auffassung, Dinge, die von Menschenhand geschaffen wurden, seien erkennbar, auch wenn alles außerhalb der menschlichen Welt unzugänglich ist. Doch auch die Dinge, die von Menschen gemacht wurden, können unergründlich sein. Ein Stadtplan kann die physischen Strukturen darstellen, innerhalb derer eine Stadt irgendwann gebaut wurde, doch die Stadt selbst bleibt unbekannt. Das liegt nicht nur daran, dass sich die Stadt zu dem Zeitpunkt, an dem der Stadtplan erscheint, materiell verändert haben könnte. Eine Karte kann nicht die zahllosen Orte erfassen, die eine Stadt umfasst und die entstehen und vergehen zusammen mit den Menschen, die sie passieren. Die Karte ist eine Abstraktion, sie vereinfacht Erfahrungen, die ungleich vielfältiger sind. Wir betrachten Städte wie uns selbst, sehen sie als stabile Gegebenheiten, die stets wiederkehren und der Zeit standhalten, während in Wirklichkeit nur etwas Unsubstanzielles wiederkehrt, eine gedankliche Konstruktion, die flüchtig ist und chimärisch.

Für Ford war London kein beständiger Ort, sondern ein wanderndes Labyrinth:

> Denkt man aus weiter Ferne an London, erscheint es kaum als ein unverwechselbares Bild. Es ist im Wesentlichen eine »Stadt«, aber dennoch hat es weniger von einer Stadt und mehr von einer Abstraktion. Man sagt: »Er kennt sein London«, doch wie viel mehr kennt er wirklich davon außer »seinem« Bereich? Und wenn dieser Mann zufällig Astronom ist, um wie viel besser wird er das Sonnensystem kennen?
> Und mit seiner »Atmosphäre«, was immer das sein mag, mit seinem »Charakter«, wie immer dieser beschaffen sein mag, mit seinen eigentümlichen Zügen, die Vertrautheit und das Gefühl des Heimkommens hervorrufen, der Form der Helme der Polizisten, den schmucken Fronten der Ladengeschäfte, den Wirkungen des Lichts, die seine Stahllampen im Nebel erzeugen, an den Hauswänden, an den Bäumen in den Vorgärten, auf den Parkumzäunungen – alle diese kleinen Dinge, die seine Atmosphäre und seinen Charakter ausmachen, dieser Ausgangspunkt wird für den Mann immer nur wie ein Glas sein, durch das er nachträglich blicken kann, ein Maßstab, nach dem er nachträglich urteilen wird, jenes London, das niemandes London ist.[35]

Ford war nicht der Erste, der glaubte, London sei unerkennbar. Der Essayist Thomas de Quincey, der Anfang des 19. Jahrhunderts seine opiumgeschwängerten Streifzüge durch die Stadt unternahm, gestand, er habe den Eindruck, dass die Straßen, durch die er wanderte, Trugbilder seien. Wie sein ebenfalls dem Opium zugeneigter Kollege Samuel Coleridge, der stark vom deutschen Idealismus beeinflusst wurde, vertrat de Quincey einen transzendentalen Okkultismus, in dem Empfindungen Chiffren für spirituelle Dinge waren. Es gibt jedoch eine unüberbrückbare Kluft zwischen dem Idealismus und dem okkulten Glauben in Bezug auf die Frage, was von den Sinnen erfasst werden kann. Die symbolische Welt, die von den Menschen geschaffen wurde, ist kein hermetischer Text, der, wenn er richtig gedeutet wird, ein geheimes Wissen preisgibt. Die menschlichen Symbole sind Staubteilchen, die verstreut sind über eine Welt, die sich dem Verstehen entzieht.

Während sich die Romantiker von den Dingen abwenden, die von Menschen geschaffen wurden, um etwas von Bedeutung zu finden, das nicht menschengemacht ist, kehren die Idealisten in die menschliche Welt zurück, um dem Verlust des Sinns zu entfliehen. Beide unterliegen einem Irrtum. Ohne sich selbst zu kennen, erschafft der menschliche Geist Welten, die er nicht erfassen kann. Die Orte, die von Menschen geschaffen werden, sind so numinos und vergänglich wie jene, die im Schatten des Waldes auftauchen. Bricht man die Macht der alltäglichen Wahrnehmung, kann man in Städten Landschaften entdecken, die so unerwartet sind wie jene, die Forschungsreisende in bislang unerforschten Gebieten der Erde entdecken.

Ein Friedhofshusten und ein grüner Mantel

Wenn Sie nicht mehr lange zu leben hätten, was würden Sie in der Ihnen verbleibenden Lebenszeit tun? Ein Mensch, für den dies galt, fasste den Entschluss, sich an einen kleinen Teich zu setzen:

> Er sieht zwar aus wie ein schöner flacher Teich aus Regenwasser, doch das ist er nicht. Er ist nur ein gewöhnlicher Teich, der durch das Oberflächenwasser der breiten Ströme in den Schluchten gespeist wird, aber dennoch entzückte er mich seit jeher. Oft dachte ich, wenn ich daran vorüberging, dass mir eines Tages vielleicht, bei einer glücklichen Fügung, aus diesem kleinen Wassertümpel, diesem kleinen grünen Becken voll mit geweihtem Wasser, ein Flüstern zugetragen würde, betreffend das Geheimnis des Lebens. Es wird mir enthüllt werden, dachte ich, so gewiss und so natürlich, wie die Gegenwart des Taus auf den geschlossenen Blüten in der Dämmerung fühlbar wird, wenn diese durch eine Berührung plötzlich feucht werden nach der trockenen Hitze eines Sommertages.
> Stets auf diese Stunde der Gnade hoffend, hielt ich mich zu allen Jahreszeiten am Rande des Teiches auf ... Es war an einem lauen Abend im vergangenen September, als mich der Atem des Wissens anwehte, nach dem ich mich sehnte ... Alles war still, alles war erwartungsvoll. Nun endlich zeigte sich der Bote, auf den ich gewartet hatte.
> Es war ein Hase. Ich sah ihn schon von weitem und wagte kaum einen Finger zu bewegen. Er näherte sich mit unsicheren Schritten, ging vorwärts, wich wieder zurück, einmal ausgelassen, dann wieder ernst. Er kam näher und näher. Wollte er trinken? Sollte ich wirklich sehen dürfen, wie er zehn Meter vor mir sein braunes Kinn zum Was-

ser hinabsenkte? Wenn es mir erlaubt wurde, einen solch heiklen Vorgang zu beobachten, dann würde mir gewiss auch die gewünschte Offenbarung zuteil werden. Die Stille des Abends war so vollkommen, dass man auch das Reiben des Fells einer Feldmaus an den Halmen ihres Grasdschungels hätte hören können, während am Himmel, unendlich fern, der Mond in völliger Ruhe an seinem Platz stand … Plötzlich wurde ich aus meiner Verzückung gerissen. Ich hatte ein Geräusch gehört, ein Geräusch, das so dezent und frisch war wie ein Regentropfen, der auf ein Blatt fällt. Es war der Hase, der trank.[36]

Llewelyn Powys stand fast sein gesamtes Erwachsenenleben mit einem Bein im Grab. Llewelyn, der jüngere Bruder der besser bekannten Schriftsteller John Cowper Powys (1872–1963) und Theodore Powys (1875–1973) und eines von elf Kindern des Geistlichen Charles Francis Powys, erfuhr 1909 im Alter von 25 Jahren, dass er an Lungentuberkulose litt.

Die erschütternde Entdeckung, dass ich ernsthaft krank war, hatte eine sehr eigenartige Auswirkung auf mich … Ich verhielt mich, als wäre der Tod nicht das Ende eines jeden Erdenkindes, sondern ein Ereignis, das auf irgendeine geheimnisvolle Art und Weise nur mir allein vorbehalten sei … Ich versuchte so viele Empfindungen wie möglich daraus zu ziehen, aber in meinem Innersten weigerte ich mich zu erkennen, wie ernst meine Krankheit war. Ich redete gern über das Sterben, aber ich hatte nicht im Sinn zu sterben … Auf jede erdenkliche Art dramatisierte ich meine Lage. Mein Kopf schwirrte, und ich schwätzte über den Tod wie ein kleines graues Eichhörnchen, das sicher und geschützt oben auf einem Baum sitzt.[37]

Llewelyns Bruder John, der in Paris lebte, besuchte ihn in Dorset. Er betrat in der Dunkelheit sein Zimmer, und die beiden redeten bis in den Morgen, Llewelyn im Flüsterton, um seine Lungen nicht zu sehr anzustrengen. Theodore, der aus einem nahe gelegenen Dorf anreiste, beschäftigte sich anscheinend damit, welche Sorgen und Klagen er von Llewelyn zu hören bekommen werde: »Er saß am offenen Fenster und atmete die frische Luft ein, während er von tausend lächerlichen und phantastischen Beobachtungen erzählte.« Ein anderer Besucher war ein alter Steinmetz. »Er saß an meinem Bett und seine ganze Haltung vermittelte jenes Hochgefühl, das ein Mensch empfinden kann, wenn er einen anderen sieht, der in einer schlimmen Falle steckt. ›Sie haben einen Friedhofshusten‹, sagte er ... Diese Worte, das muss ich offen eingestehen, ließen mich zusammenzucken und machten mir klar, dass ... ich es war, ich allein, der, wenn alle meine Übertreibungen und meine Effekthascherei ihr Ende gefunden haben würden, kalte Nächte, kalte Jahre und kalte Jahrhunderte würde verbringen müssen, allein in einem Sarg aus Ulmenholz.«[38]

Um sich behandeln zu lassen, verließ Powys im Dezember 1909 England und reiste nach Clavadel in der Schweiz, wo er zwei Jahre in einem Sanatorium verbrachte. Während seiner Rekonvaleszenz träumte er immer wieder vom Sterben.

> Das hatte ich seit meiner Kindheit getan, doch während dieser Zeit waren diese unwirklichen Bilder greifbarer, realer als jemals zuvor. Ich wanderte über eine undeutliche Traumlandschaft, als mir plötzlich ein bestimmter Geruch in die Nase stieg. Er war süßlich und faulig zugleich. »Ha«, sagte ich mir, »der Geruch der Sterblichkeit, der Geruch von verwesendem menschlichen Fleisch!« Und sogleich versank der Boden, auf dem ich stand, unter mir und ich fand

mich auf einem Friedhof liegend wieder, der nach allen Seiten offen war ... Und ich entdeckte, wenn ich in späteren Jahren arglos an die Leichname von Menschen herantrat, die ich geliebt hatte, dass der Geruch aus meinem Traum tatsächlich der Geruch von toten menschlichen Leibern war, ein Geruch, der sich nur wenig von jenem unterscheidet, den tote Kühe verströmen.[39]

Obwohl ihn der Tod umgab, fühlte sich Powys von der sexuellen Unterdrückung befreit, die damals in der englischen Mittelschicht herrschte. Daher empfand er seine Zeit in dem schweizerischen Sanatorium, wo diese strengen bürgerlichen Moralvorstellungen unbekannt waren, als keineswegs so quälend, wie man vielleicht vermuten würde. »Ich war überglücklich, dass ich an einem solch angenehmen Ort sein durfte, und verspürte jene unendliche Zufriedenheit, die vielleicht ein Schmetterling erlebt, beispielsweise ein roter Admiral, der sich nach einem ermüdenden Flug über die asphaltierten Straßen einer Stadt in der glücklichen Abgeschiedenheit eines Gartens voller Geranien wiederfindet ...« Er unterschied sich von vielen seiner Mitpatienten dadurch, dass es ihn noch immer leidenschaftlich nach dem Leben verlangte. Dennoch setzte er sein Leben immer wieder in ausschweifenden Begegnungen mit anderen Patienten aufs Spiel, die möglicherweise die Krankheit übertragen konnten.

Für den Rest seines Lebens war Llewelyn Powys ein glühender Verfechter der sexuellen Freiheit und ein entschiedener Gegner des Christentums, das er wegen seiner Beihilfe zur sexuellen Unterdrückung angriff. Er betrachtete sich als Schüler von Lukrez, wenngleich er nicht die epikureische Überzeugung des römischen Dichters teilte, dass Sexualität eine Gefahr für die Seelenruhe darstelle und daher zu meiden sei. Viele seiner späteren Schriften sind eine leidenschaftliche

Verteidigung des Materialismus. »Die mögliche Auslöschung der Materie«, schrieb er, »die mögliche Auslöschung des Universums – hier findet sich die Hypothese, auf die wir die Philosophie unseres Lebens gründen können.«[40] Er verfocht hartnäckig die Auffassung, die Ablehnung der Religion sei gleichbedeutend mit der Zurückweisung der Idee, dass es eine Ordnung in der Welt gebe.

> Nicht nur der Glaube an Gott muss aufgegeben werden, nicht nur die Hoffnung auf ein Leben nach dem Tode, sondern auch jegliches Vertrauen in eine vorgegebene sittliche Ordnung. Es ist sonnenklar, dass das Sein, so wie wir es kennen, nicht unter der Aufsicht einer strengen Gottheit stehen kann … Dass es keine sittliche Ordnung gibt, die unabhängig vom menschlichen Verhalten existiert, das ist gewiss. Wir müssen darauf vorbereitet sein, unseren Weg ohne einen Kompass zu finden, und darauf, dass das rutschige Deck unseres Lebensschiffes unter unseren Füßen weggleitet. Als dogmatische Nihilisten, grundlegend skeptisch gegenüber allem Guten, sind wir wie schiffbrüchige Seeleute uns selbst überlassen. Wir haben kein Gefühl für die Richtung und räumen bereitwillig ein, dass jenseits der Grenze unseres kurzen Augenblicks alles verloren ist.[41]

Aus verstreuten Aussprüchen von Jesus – ein »ursprünglicher und leidenschaftlicher Poet« – entwickelte der heilige Paulus eine lebensverleugnende Religion. Doch anstatt ihn zu bekämpfen, empfahl Powys, den Glauben, den der heilige Paulus erfunden hatte, hinter sich zu lassen: »Lassen wir ihn los. Was spielt es für eine Rolle? Es ist alles das Gleiche. Lassen wir die Mücken singen, lassen wir die Bienen brummen, wenn sie ihre stumpfen Insektenrüssel in den Honig stecken. Die Vögel, die in den Zweigen der Bäume schlafen, die Nachtinsekten, die zwischen den Stängeln der Gräser ihren unbekannten Aufgaben nachgehen, waren damals wie heute vollkommen außerhalb der Phantasien, die den Geist dieses Mannes bewegten.«[42] Menschen sind »Traumkühe, Bilder des Atems, vorbeigehende Schatten, die rasch über die Weiden der Welt zu einem Friedhof ziehen, wo mit einem einzigen Klatschen die Ewigkeit ein Tag ist und ein Tag eine Ewigkeit.«[43]

Obwohl er ein Gegner der traditionellen Religion war, sperrte sich Powys nicht gegen deren Schönheit. »Manchmal betrat ich an einem Sonntagmorgen die alte graue Kirche, um ein Sakrament zu empfangen ... Und als ich mit gesenktem Kopf kniete, um an dem schönen, alten Ritual teilzuhaben, versuchte ich herauszufinden, welches innere Geheimnis dieses wilde Gerücht barg, so dass es Generation über Generation hatte überdauern können, wo immer zwei oder drei sich versammelten. Und angesichts des eigentümlichen Friedens, der mich an diesem Ort umgab, der kalten, kahlen Bäume der Friedhofshecke, die durch das Bleiglasfenster zu sehen waren ... war ich schon fast geneigt, ebenfalls zu glauben. Warum nicht?«[44] Powys hörte nie auf, die Ausbreitung des Christentums zu bewundern, und bedauerte zugleich immer, dass es ihm gelungen war, so viele Menschen für sich zu gewinnen, doch er schrieb seinen Erfolg keineswegs der menschlichen Dummheit zu. Religion war für ihn eine poetische Antwort auf unveränderliche menschliche Gegebenheiten – in erster Linie auf die Tatsache des Todes.

Als er nach Dorset zurückgekehrt war, nachdem sich seine Gesundheit etwas gebessert hatte, begegnete er auf einer Landstraße einem Holzfäller:

> Mensch, ich will verdammt sein!«, rief er. »Ich hätte nie erwartet, Sie noch einmal zu sehen, Master Llewelyn, außer als Leiche, wenn Sie verstehen, was ich meine.« ... Der alte

Holzfäller betrachtete mich von oben bis unten, vom Hut auf meinem Kopf bis zu den Schuhen an meinen Füßen, die gelblich gefleckt waren vom Hahnenfußstaub. »Sie werden vielleicht noch den Sommer überstehen«, bemerkte er mit Kennermiene, »aber Sie werden niemals diesen Friedhofshusten loswerden. Die Ärzte sagen, sie können Sie heilen, aber das können sie nicht. Sie können Sie vielleicht ein wenig aufpäppeln, aber, keine Angst, bald werden Sie ein grünes Gewand anhaben«, womit er, wie ich wusste, das grüne Gras meinte, das seiner Überzeugung nach bald auf meinem Grab wachsen würde.[45]

Der Holzfäller hatte recht mit seiner Vermutung, dass Powys nicht würde geheilt werden können, aber er irrte sich mit der Annahme, dass er schon bald sterben würde. Im Jahr 1914 reiste Powys nach Britisch-Ostafrika, wo einer seiner Brüder eine Farm betrieb, und arbeitete dort fünf Jahre lang als Viehzüchter. Später wurde er in Amerika durch eine Reihe von Artikeln bekannt, in denen er seine Zeit in Afrika schilderte. Das Leben, das er dort geführt hatte, bestärkte ihn in seiner Philosophie: »Wie seine schwarzmähnigen Löwen zieht Afrika das Lebensblut aus all jenen versponnenen Illusionen, die schon so lange vor den Augen der Menschen herumtanzen und sie erfreuen. Allein die Wahrheit bleibt am Leben. Was man in Europa schon immer vermutete, hier wird es offenkundig: *Am Grunde des Lebensbrunnens gibt es keine Hoffnung.* Unter dem Skorpion, unter dem Kreuz des Südens und im klaren Licht der leidenschaftslosen tropischen Sonne wird die große innere Leere der Seele der Welt offenbar: *Die Oberfläche ist alles, darunter gibt es nichts.*«[46] Doch statt ihn zu beunruhigen, stärkte die Entdeckung, dass unter der Oberfläche der Dinge nichts existiert, seine Entschlossenheit, das Leben zu genießen.

Nachdem er abermals für einige Zeit nach Dorset zurückgekehrt war, brach er 1919 mit seinem Bruder John nach Amerika auf, wo er als Schriftsteller und Dozent tätig werden wollte. Doch aufgrund seines Temperaments eignete er sich (anders als sein Bruder) nicht als Universitätsdozent, und mit seiner schriftstellerischen Arbeit verdiente er so wenig, dass er schließlich erwog, in ein Hotel an der Sixth Avenue in New York umzuziehen, wo Zimmer für 25 Cent pro Nacht angeboten wurden – winzige Kämmerchen, die sich ähnlich wie Katakomben auf einen Mittelgang hin öffneten. »Mit einem Gefühl unendlicher Wehmut erinnerte ich mich daran, wie ich früher durch die weiten afrikanischen Ebenen geritten war, wo die Hufe meines Pferdes gegen die Knochen von Löwen gestoßen waren; wo es Orte gab, die so weit entfernt sind von den Menschen und den Fallen, die diese füreinander aufstellen, dass eine Rhinozeros-Mutter ihr Kleines in völliger Unkenntnis davon stillen kann, dass es in der Welt einen aufgerichteten Anthropoiden gibt mit einer solch unerhörten Durchtriebenheit und Grausamkeit wie der Homo sapiens.«[47]

Im Jahr 1925 kehrte Powys nach England zurück und ließ sich in einem abgelegenen Ort an der Küste von Dorset nieder, zusammen mit Alyse Gregory, einer ehemaligen Redakteurin der amerikanischen Literaturzeitschrift *Dial*, die er 1924 in New York geheiratet hatte. Die beiden unternahmen viele gemeinsame Reisen – zurück nach Amerika, wo er durch seine Afrika-Bücher *Ebony and Ivory* und *Black Laughter* ein gewisses Ansehen erlangt hatte, nach Palästina und nach Capri, wieder nach Amerika und nach Westindien, zurück nach Dorset und dann in die Schweiz. Im Dezember 1939 starb Powys, der 1884 geboren worden war, an einer Magenblutung.

Er starb fast so, wie er es sich in *Love and Death: An Imaginary Autobiography* ausgemalt hatte, die im Mai 1939 erschien:

Ich bemerkte, dass Alyse anscheinend die Krankenschwester weggeschickt hatte, denn wir waren jetzt allein. Mein Fieber war zurückgegangen. Mir war kalt, ich fröstelte. Doch mein Geist war nach wie vor klar. Ich lag im Sterben, und ich wusste es. Meine Zeit war vorüber, und nun sollte ich aufhören zu atmen. Endlich war er gekommen, der gefürchtete Augenblick. Es war so weit, aber ich empfand keine Angst ... Der Tod, dachte ich, ist doch nicht so schlimm, wie ich erwartet habe ... Meine Brust hob und senkte sich. Eine tiefe, ungekannte Schwärze fiel über mich, legte sich auf mein Sein und tauchte es ein in eine Flut aus vollkommener Dunkelheit, einer Dunkelheit, die keine Empfindungen kennt, keine Gedanken, einer Dunkelheit, die gleichgültig ist gegenüber allem, abgesehen von einem blinden, nüchternen Handel mit dem Staub endloser Zeitalter.[48]

Wenige Stunden, bevor er in der Schweiz starb, sagte Powys zu seiner Frau: »Ich wünschte, ich wäre das süße Netz des Staubes.« Ein Jahr später schrieb Alyse, die mittlerweile wieder in Dorset lebte: »Unser Ursprung ist animalischer Natur und wir kehren zu Staub zurück – die Phantasien unseres Geistes sind nichts als Distelwolle im Wind. Ich mag Förmlichkeit, Gewandtheit, kultiviertes Auftreten und das Denken, zugleich aber weiß ich, dass das Leben *nichts* ist – eine Fanfare, der Flügelschlag einer Saatkrähe, unbedeutend wie das Pfeifen eines Jungen.«[49] Sie lebte noch mehr als ein Vierteljahrhundert, die meiste Zeit glücklich und zufrieden, erhielt Besuche von Freunden aus allen Teilen der Welt und erfreute sich an der ursprünglichen Landschaft rund um ihr Haus, in dem sie und ihr Ehemann gelebt hatten. Als sie die langen Wege nicht mehr bewältigen konnte, die das Leben an diesem Ort erforderte, gab Alyse 1957 das Haus auf zog in das Landesinnere.

Zehn Jahre später nahm sie sich das Leben, indem sie ein tödliches Pulver schluckte, nachdem sie sich auf einen Mantel gelegt hatte, den ihr Ehemann häufig getragen hatte.

Powys nahm sich nicht selbst das Leben, doch er wehrte sich auch nicht, als es ihm genommen wurde. Er verweigerte eine Operation, die ihm von den Ärzten empfohlen wurde. »Sie zerren mich in die falsche Richtung. Ich hatte ein glückliches Leben, und ich möchte am Ende sterben wie ein Anhänger von Epikur.«[50] Eine Woche vor seinem Tod hatte er noch an einen Freund geschrieben: »Ich habe ein halbes Jahrhundert lang ein glückliches Leben im Sonnenschein geführt.«[51]

Wonach suchte Powys in seinem Leben, während er der Aussicht auf einen frühen Tod zu entkommen versuchte? Zweifellos nicht nach Unsterblichkeit. Er teilte die Ansicht des Imagisten F. S. Flint, dass die Menschen nicht für die Unsterblichkeit geschaffen seien:

Unsterblich? ... Nein,
Das können sie nicht sein, diese Menschen,
und ich auch nicht.
Müde Gesichter,
Augen, die niemals die Welt gesehen haben,
Körper, die niemals in der Luft gelebt haben,
Lippen, die niemals Sprache geformt haben,
sie sind die Niedergedrückten und Verstümmelten,
die die Hauptstraße versperren ...
Unsterblich? ...
In einem Wald,
wenn ich den Schatten eines Vogels beobachte,
von einem Farnwedel zum anderen hüpfe,
dann bin ich unsterblich.
Aber sie?[52]

Sterblich zu sein, das empfand Powys nicht als Strafe, wenn er auch den Gedanken an das Sterben hasste. Dass er nie weit vom Tod entfernt war, erlaubte es ihm, seiner Phantasie zu folgen, die die Wahrnehmung des Lebens selbst war.

Ein Verschwinden

Mit Monsieur Monde, einem angesehenen Geschäftsmann, der an seinem 48. Geburtstag plötzlich verschwindet und dabei seine Firma und seine Familie zurücklässt – einen Sohn, eine Tochter und die Frau, mit der er verheiratet war, nachdem er seine erste Ehefrau verlassen hatte –, beschrieb Georges Simenon einen Mann, »der keine Gespenster und keine Schatten mehr kannte und der den Menschen mit kühler Gelassenheit in die Augen sah«.[53] Er verlässt seine Familie aus freien Stücken, doch er glaubt, er habe keine andere Wahl gehabt.

»Es fand kein innerer Kampf statt. Es gab gewissermaßen keine Entscheidung zu treffen, es gab überhaupt keine Entscheidung.«[54] Als er in Paris einen großen Geldbetrag von seinem Firmenkonto abhebt und auf die Straße hinaustritt, hat er noch keinen klaren Plan davon, was er tun soll. Nachdem er sich schlichtere Kleidung besorgt hat und sich von einem Friseur seinen Schnurrbart hat abrasieren lassen, steigt er in einem einfachen Hotel ab, und am nächsten Morgen nimmt er den Zug nach Marseille.

Als er in einem weiteren billigen Zimmer aufwacht, in der Nähe des Hafens der Stadt, stellt er fest, dass er weint. »Es waren keine gewöhnlichen Tränen. Sie drangen stetig, lauwarm und wunderbar flüssig aus einer tiefen Quelle, stauten sich hinter seinen Wimpern und liefen schließlich wie Regenrinnsale an einer Fensterscheibe seine Wangen hinab; und neben seinem Kinn breitete sich ein nasser Fleck auf dem Kopfkissen aus.«[55] Er weint nicht wegen des Hotelzimmers, sondern wegen des Lebens, das er geführt hat:

> Sein Geist war klar, doch nicht von jener alltäglichen Klarheit, zu der man sich bekennt, sondern von einer Klarheit, derer man sich später schämt, vielleicht, weil sie den Dingen, die man so gern für trivial hält, eine Würde gibt, die ihnen sonst nur Dichter und Religionen verleihen.
>
> Was durch seine Augen aus seinem Inneren herausrann, war seine ganze Müdigkeit, die sich in achtundvierzig Jahren angestaut hatte. Und die Tränen taten gut, weil diese Prüfung nun vorüber war.
>
> Er hatte aufgegeben. Er hatte aufgehört zu kämpfen. Er war von weit her gekommen – da war kein Zug mehr, nur eine einzige Fluchtbewegung –, er war ans Meer gekommen, das ganz in seiner Nähe friedlich atmete, weit und blau, lebendiger als irgend etwas sonst, Seele der Erde, Seele der ganzen Welt.[56]

Als Monsieur Monde durch eine lautstarke Auseinandersetzung im Nachbarzimmer aus seinem Traum gerissen wird, lernt er eine junge Frau namens Julie kennen, mit der er einige Tage verbringt. Eines Abends ist das Päckchen mit dem Geld verschwunden, das er in seinem Hotelzimmer auf den Schrank gelegt hatte. Jetzt hat er nichts mehr, er ändert seinen Namen in Désiré Clouet – er hatte den Namen am Laden eines Schumachers gelesen – und lebt nun wie alle anderen Menschen. Er nimmt einen Job als Verwalter in dem Nachtclub an, in dem Julie als Animierdame untergekommen ist; seine Aufgabe besteht darin, durch ein Guckloch in der Wand das Personal zu überwachen, um Unterschlagungen zu verhindern.

Monsieur Monde hat nicht die Freiheit gefunden, die er suchte. Die Welt, die er an den Rändern der Gesellschaft findet, unterscheidet sich nicht so sehr von jener, der er entfliehen wollte, sie ist nur härter und erbarmungsloser. Aber dennoch ist das Leben für Désiré anders geworden. Das Licht hat sich verändert. »Das Licht war so wie in den Felsbuchten des Mittelmeeres, das Licht der Sonne, das ihm stets gegenwärtig war, wenn auch verdünnt, diffus, manchmal wie durch ein Prisma in die Farben des Spektrums zerlegt, ganz unvermittelt violett zum Beispiel, oder grün, von dem vollkommenen Grün des berühmten, unerforschlichen grünen Leuchtens.«[57]

Er ist nicht enttäuscht und auch nicht niedergeschlagen. Er weiß, wer sein Geld gestohlen hat – ein Zimmermädchen, das ihn seit dem Diebstahl feindselig anblickt und das er übertrieben freundlich grüßt, wenn sie sich auf der Treppe begegnen.

> Monsieur Monde verspürte weder Wut noch Aufbegehren, auch keine Reue. Im Alter von vierzehn oder fünfzehn Jahren, als er das Collège Stanislaus besuchte, hatte er nach einer Zeit des Fastens eine tiefe mystische Phase durchlebt. Auf der Suche nach Vollkommenheit hatte er seine Tage und einen Teil seiner Nächte mit spirituellen Übungen verbracht, und zufällig hatte er eine Fotografie aus jenen Tagen aufbewahrt, die ihn in einer Gruppe zeigte, denn damals hätte er es abgelehnt, sich allein porträtieren zu lassen. Er war abgemagert und sah ein wenig leidend aus, und sein Lächeln war von einer Sanftheit, die er später, als die Phase vorbei war, unerträglich fand ... Und obgleich sein Teint nun nicht mehr rosig, sondern grau war, betrachtete er sein Gesicht, wenn überhaupt, mit Wohlgefallen und las darin nicht nur eine ruhige Heiterkeit, sondern geradezu eine geheime Freude, eine gleichsam krankhafte Lust.[58]

Durch das Guckloch entdeckt er seine erste Ehefrau, die mittlerweile morphiumsüchtig ist, im Nachtclub. Sie reisen gemeinsam nach Paris zurück, wo er ihr eine Therapie vermittelt. Zugleich kehrt er zu seiner Familie zurück, jedoch ohne eine Erklärung für sein Verschwinden zu liefern. Als er seine frühere Frau zu überreden versucht, ihn zu begleiten und sich in ärztliche Obhut zu begeben, geschieht etwas mit ihm:

> Natürlich war er noch immer er selbst, Monsieur Monde, oder Désiré, eher Désiré ... Nein! Es spielte keine Rolle ... Er war ein Mensch, der lange Zeit sein Menschsein mit sich herumgeschleppt hatte, ohne sich dessen bewußt zu sein, wie andere eine Krankheit mit sich herumschleppen, von der sie nichts ahnen. Er war ein Mensch unter Menschen gewesen, er hatte sich bewegt wie sie, er hatte sich durch das Gewühl gekämpft, bald leblos, bald mit aller Kraft, ohne zu wissen, wohin er ging.
> Und nun sah er im Mondlicht das Leben plötzlich anders, wie von mächtigen Röntgenstrahlen durchleuchtet.
> Alles, was vorher wichtig gewesen war, die Hülle, das Fleisch, existierte nicht mehr, auch die Täuschungen nicht, fast nichts, und stattdessen ...
> Plötzlich war es nicht mehr nötig, darüber zu sprechen, weder mit Julie noch mit sonst jemandem. Es war im übrigen auch nicht möglich. *Es war nicht mitteilbar.*[59]

Was wusste er nun, das er vorher noch nicht gewusst hatte? Als er in Marseille im Hotel im Bett lag, in den Schlaf fiel und immer wieder aufwachte, hatte er das Gefühl, dass er etwas entdeckt hatte. Aber was war das?

> Er drehte sich schwerfällig in seinem nach Schweiß riechenden Bett um. Er hatte sich wieder an seinen Schweiß-

geruch gewöhnt, wie einst in seiner Kindheit. Während so vieler Jahre, den größten Teil seines Lebens, hatte er diesen Geruch vergessen, den Geruch der Sonne, all die Gerüche des Lebens, die die Menschen nicht wahrnehmen, weil sie zu sehr beschäftigt sind, und er fragte sich, ob er nicht deshalb ...

Er war der Wahrheit ganz nahe, einer Entdeckung, er war bereits ein Stück hinabgetaucht, doch er trieb wieder an die Oberfläche ...[60]

Was Monsieur Monde entdeckte, lässt sich nicht in Worte fassen. Es ist eine negative Offenbarung, in der die Bedeutungen des Alltagslebens in den Hintergrund treten, sie kommt blitzartig und verschwindet ebenso schnell. Doch was Monsieur Monde sieht, ist nicht wertlos, denn es macht aus ihm einen anderen Menschen.

Die Flucht des Monsieur Monde gehört zu den *romans durs,* wie Simenon sie nannte, den »harten Romanen«, die er von den unzähligen populären Kriminalromanen abgrenzte, durch die er hauptsächlich bekannt wurde – und in denen der Schöpfer von Inspektor Maigret den Verunsicherungen und Verstörungen nachspürte, die auch scheinbar gefestigte Existenzen untergraben.

Der Gegenstand dieser »harten Romane« ist die menschliche Seele, doch in Simenons Darstellung seiner Figuren findet sich nur wenig Psychologie. Monsieur Monde existiert in den Impressionen, die ihn zum Handeln veranlassen. Als er sein behagliches bürgerliches Leben zugunsten der scheinbaren Romantik der *demi-monde* aufgibt, wird dem Leser nicht mitgeteilt, welche Motive den Geschäftsmann dazu bewogen. Wir erfahren zwar etwas von den Gedanken, die ihn des Nachts quälen, aber nur wenig über die geistige Verfassung von Monsieur Monde. Wir entdecken, dass er als Jugendlicher eine Phase der Frömmigkeit durchlebte. Ob diese Frömmigkeit etwas mit seiner plötzlichen Abkehr vom bürgerlichen Leben zu tun hat, bleibt offen.

Es scheint, dass Monsieur Monde von den Umständen geschaffen wird, in denen er sich wiederfindet. Obwohl ihm kaum bewusst war, was er tat, handelte er aus freien Stücken – in einem plötzlichen Impuls. Der Fremde, zu dem er wird, entsteht wie aus dem Nichts – eine Reaktion auf die Bilder, Töne und Gerüche, denen er begegnet, nachdem er sein altes Leben aufgegeben hat. Simenons Geschichten enthalten keine moralische Lektion. Doch wenn dahinter ein Leitmotiv steht, dann ist es die Vorstellung, dass die Eindrücke, die auf uns einwirken, realer sind als das Selbst, das wir als Urheber unseres Lebens betrachten.

Wie in allen Werken Simenons wird die Religion nicht zurückgewiesen, aber ignoriert. Monsieur Monde blickt mit mildem Zorn auf die Strenge seiner Jugendjahre zurück, und es gibt auch nichts, das darauf hinweist, dass er sich nach einer wie immer gearteten religiösen Erlösung sehnen würde. Vielmehr sucht er nach einer bestimmten Art von Freiheit – jener Art von Freiheit, die sich einstellt, wenn man nicht mehr von den Gesetzen der Erinnerung beherrscht wird.

In seiner Studie über Proust schrieb Samuel Beckett:

> Die Gesetze der Erinnerung sind den allgemeineren Gesetzen der Gewohnheit unterworfen. Gewohnheit ist ein Kompromiß, geschlossen zwischen dem Individuum und seiner Umgebung oder zwischen dem Individuum und seinen eigenen organischen Überspanntheiten, die Garantie einer dumpfen Unverletzlichkeit, der Blitzableiter seiner Existenz. Gewohnheit ist der Ballast, der den Hund an seinen Auswurf kettet. Atmen ist Gewohnheit. Leben ist Gewohnheit. Oder vielmehr ist Leben eine Sukzession von

> Gewohnheiten, da das Individuum eine Sukzession von Individuen ist ... Die Erschaffung der Welt hat nicht ein für allemal stattgefunden, sie findet jeden Tag statt. Gewohnheit ist also der allgemeine Ausdruck für die zahllosen Verträge, die zwischen den zahllosen Subjekten, die das Individuum konstituieren, und ihren zahllosen korrelierenden Objekten geschlossen werden. Die Übergangsperioden, die aufeinanderfolgende Anpassungsformen trennen (denn durch kein Hilfsmittel makabrer Transsubstantiation können Leichentücher als Windeln dienen), stellen die Gefahrenzonen im Leben des Individuums dar, gefährlich, unsicher, schmerzhaft, geheimnisvoll und fruchtbar, wenn für einen Augenblick die Langeweile zu leben ersetzt wird durch das Leiden zu sein.[61]

Die Welt, in der ein Mensch sein alltägliches Leben verbringt, setzt sich aus Gewohnheit und Erinnerung zusammen. Die gefährlichen Bereiche sind jene Zeiten, wenn das Selbst, das ebenfalls aus Gewohnheit und Erinnerung besteht, zurückweicht oder sich auflöst. Dann wird der Mensch, wenn auch nur für einen Augenblick, ein anderer, als er vorher war.

Der Fremde in den Kulissen

Der Schutzpatron des Humanismus ist eine rätselhafte Gestalt. Wir wissen nicht, wie Sokrates aussah, denn das Bild, das wir von ihm haben, wurde von Plato geformt. Der Begründer der abendländischen Philosophie war vielleicht ein Sophist, der nicht nur eingestand, dass er nichts wusste, sondern mehr noch der Überzeugung war, dass es auch nichts Wissenswertes gab; oder ein später Anhänger des Schamanismus, der seine Erkenntnis der Wahrheit einem inneren Orakel verdankte. Vielleicht war er sogar, wie Plato ihn beschrieb, ein rationalistischer Mystiker, der glaubte, dass die Menschen – zumindest einige wenige Eingeweihte – Zugang zu einer der Zeit enthobenen Sphäre finden konnten.

Es spielt keine große Rolle, wer oder was Sokrates tatsächlich war, da die Macht, die er über den Geist ausübt, die Macht des Mythos ist. Das sokratische Erbe besteht aus einer Reihe von Glaubensartikeln, die auf die eine oder andere Weise das humanistische Denken geprägt haben. Die Annahme, das menschliche Böse sei eine Form des Irrtums, der mit der Zunahme des Wissens verschwinden wird; die Annahme, ein gutes Leben müsse ein geprüftes Leben sein, und schließlich die Annahme, die Anwendung der Vernunft könne die Menschen befähigen, ihr Schicksal selbst zu gestalten – alle diese fragwürdigen Behauptungen werden als unanfechtbare Axiome wiederholt, seit Sokrates den Status eines humanistischen Säulenheiligen erlangt hat. Nietzsche, der Sokrates heftig angriff, ohne allerdings jemals aufzuhören, ihn zu bewundern und zu verehren, schrieb: Man »... kann sich nicht entbrechen, in Sokrates den einen Wendepunkt und Wirbel der sogenannten Weltgeschichte zu sehen«.[62]

Schon allein aufgrund der impliziten Annahme, das europäische Denken präge die Weltgeschichte, ist diese Behauptung überspannt. Dennoch ist es zutreffend, dass das moderne Denken zum großen Teil auf sokratischen Vorgaben beruht. Als er Sokrates als den grundlegenden Ursprung des Humanismus angriff, hatte Nietzsche eine präphilosophische griechische Kultur im Blick, die es in der dionysischen Form, in der er sie sich vorstellte, wahrscheinlich nie gegeben hat. Doch wenn er schreibt: »... und deshalb ist das Bild des *sterbenden Sokrates* als des durch Wissen und Gründe der Todesfurcht enthobenen Menschen das Wappenschild, das über dem Eingangstor der Wissenschaft einen jeden an deren Bestimmung erinnert, nämlich das Dasein als begreiflich und damit als gerechtfertigt erscheinen zu machen«,[63] dann umreißt Nietzsche genau den Glauben, der jene Menschen im Westen, die meinen, sie hätten die Religion überwunden, tatsächlich leitet.

Nach Auffassung Nietzsches besteht ein Ziel dieses Glaubens darin, dass die Tragödie kein finaler Akt ist: Was wir Tragödie nennen, ist nur eine Art von Irrtum, dessen Häufigkeit des Auftretens und Auswirkungen im Laufe der Zeit vermindert werden können. Bei klugem, vorausschauendem Handeln kann die Tragödie vermieden oder – falls sie sich als unausweichlich erweisen sollte – dazu benutzt werden, zukünftige menschliche Bestrebungen anzuregen. Zweifellos werden die Menschen immer Leid und Kummer zu erdulden haben. Doch das menschliche Leben muss nicht notwendigerweise tragisch sein. Denn da die Tragödie stets abgewendet werden kann oder man sich aus ihr erretten kann, gibt es am Ende gar keine Tragödie.

Diese Sicht wurde von dem amerikanischen Lyriker Robinson Jeffers in »The Humanist's Tragedy«, einer Kurzversion von Euripides' Stück *Die Bakchen* in Versform, dem griechischen König Pentheus zugeschrieben, dem mythologischen Herrscher von Theben. Jeffers, der eine Weile sehr einflussreich, dann heftig umstritten war und schließlich fast vergessen wurde, zählt zu den interessantesten Kritikern des Humanismus im 20. Jahrhundert. Sein Text ist eine Umdichtung des griechischen Dramas zu einem poetischen Bild, wobei angedeutet wird, dass die Tragödie mit dem Menschsein einhergeht, dass es aber dennoch auch etwas jenseits der Tragödie gibt.

Pentheus, ein Anhänger der Vernunft, untersagte die Verehrung von Dionysos, dem Gott des Weins, des Rausches und der Ausschweifung. Als Dionysos nach Theben kommt und die

Frauen, darunter auch die Mutter von Pentheus, zu seinen Ehren auf einem Berg ein bacchantisches Fest feiern, versucht Pentheus, dies zu verhindern und Dionysos gefangen zu nehmen, was jedoch misslingt. Schließlich kann er Pentheus ebenfalls ins Gebirge locken, wo dieser von seiner Mutter und seinen Tanten, die ihn für ein wildes Tier halten, in bacchantischer Wut zerrissen wird. Seine Mutter bringt seinen Kopf, den sie für den Kopf eines Löwen hält, an den Königshof. Da weicht die Trance von ihr und sie erkennt, was sie getan hat. Sie geht in die Verbannung, und zurück bleibt nur ein blinder alter Mann.

Jeffers beschreibt, wie Pentheus – »Nicht wie ein Tier sich gebarend in der Flut der Leidenschaft, Boot ohne Ruder, sondern geistvoll in all seiner Würde / Als seiender Mensch, ein König und Grieche«[64] – dazu verleitet wird, der bacchantischen Orgie beizuwohnen:

> … Ohne Ehrfurcht, ohne Vergnügen,
> Wie ein Mann, der schädliche Biester erspäht, stand er verborgen und spähte auf den tollwütigen Chor des Gottes.
> Sie hatten in Pinienzapfen endende Stäbe, sie gingen halb nackt, sie waren heiser vom unsinnigen Gesang, Schaum vor ihren Mündern, vermischt
> Mit Wein und Schweiß, rann ihre Leiber herab. O Narren, Boote ohne Ruder gebaren sich in der Flut der Leidenschaft,
> Gänzlich vergessend all die Würde des Menschen, den Stolz des einzigen sich selbst beherrschenden Tieres,
> Das seine eigene Seele befehligt und selbst sein Schicksal
> Kontrolliert, eine Zeit lang. Das einzige Tier, das seine Mittel wendet zu einem Ende …

Anstatt Pentheus' Glauben an die Vernunft zu festigen, stürzt das ausgelassenene Treiben den König in tiefe Verwirrung:

… »Was für ein Ende? Oh, was für ein Ende?«
Schrie es unter seinem Denken, »Die Stadt erweitern? Die Erde urbar machen? Sklaven und Vieh züchten, doch die eigene Saat, genährt und behütet? Ach fruchtbar-unfruchtbare
Generationen, für immer und immer … Für Vergnügung« – er spie auf die Erde – »ist das leicht auftreibbare Vergnügen
Der Gewinn der Mühe?« …
… »Die Generationen«, dachte er plötzlich, »streben empor. Sie werden sich bessern, sie steigen auf; …
Hatte ich für einen Moment vergessen den Endzweck
Des Seins? Zu mehren die Macht, die Fassung und die Würde des Menschen. – Eine gefaßtere und würdevollere Kreatur«, er stöhnte, »die nicht nur stirbt und stinkt.«[65]

Pentheus möchte in der menschlichen Gefasstheit verbleiben. Doch der Gott erscheint – »gebrüstet wie ein stattliches Schiff durchs Wasser« – und spricht mit sanfter Stimme:

… »Wenn ihr gestorben seid, werdet ihr Teil des Friedens sein; laßt den Menschen nicht länger träumen vom Tod; da ist keine Sicht, nichts zu hören noch irgend Wunder; keiner von uns Göttern tritt hinein.
Ihr werdet Teil des Friedens, Teil der geheiligten Schönheit, aber ihr werdet nicht teilhaben: so, wie ein Flötenspieler
Schönheit schaffen sollte, doch selber nichts hört, taub und sinnlos. Wenn ihr aber leben werdet,
Wird es euch möglich sein, das Gefängnis eures Selbst aufzubrechen und in die Natur der Dinge einzutreten und die Schönheit zu gebrauchen.
Wein und Gesetzlosigkeit, Kunst und Musik, Liebe, Selbstmarter, Religion

> Sind Mittel, doch sind nicht nötig, Vergeistigung wird es
> sein. Einfach nur die menschliche Fassung aufbrechen.[66]

Der Gott Pentheus artikuliert Jeffers' Geisteshaltung, die dieser selbst als »Inhumanismus« bezeichnete:

> … eine Verschiebung der Betonung und der Wichtigkeit vom Menschen zum Nicht-Menschen; die Zurückweisung des menschlichen Solipsismus und die Anerkennung der transhumanen Großartigkeit … Diese Art des Denkens und Fühlens ist weder misanthropisch noch pessimistisch, auch wenn dies von manchen behauptet wurde und noch immer behauptet wird. Sie beinhaltet keine Falschheit und ist ein Mittel, sich in schwierigen Zeiten die geistige Gesundheit zu erhalten; sie besitzt eine objektive Wahrheit und einen objektiven Wert; sie empfiehlt eine angemessene Distanziertheit als Verhaltensregel anstelle von Liebe, Hass und Neid. Sie neutralisiert Fanatismus und überschießende Hoffnungen; doch sie ermöglicht die Entfaltung des religiösen Strebens und befriedigt unser Bedürfnis, Größe zu bewundern und uns an Schönheit zu erfreuen.[67]

Zu der Geisteshaltung, die Jeffers propagierte, an deren praktischer Umsetzung er jedoch scheiterte, gehörte »die Entwertung der menschlichen Illusionen, die Hinauswendung vom Menschen zu etwas grenzenlos Größerem«. Die Menschen mussten diese Wendung nach außen vollziehen, wollten sie nicht immer wieder auf sich selbst zurückfallen: »Wenn in einer künftigen Zivilisation die Träume von Utopia unerwarteterweise verwirklicht werden und die Menschen tatsächlich von Not und Angst befreit werden sollten, dann würden sie umso mehr dieser Zuflucht bedürfen, um gegen die tödliche Leere und Bedeutungslosigkeit ihres Lebens zu bestehen. Der Mensch ist, viel stärker als der Pavian oder der Wolf, ein Lebewesen, das für den Konflikt geschaffen ist; ohne ihn erscheint ihm sein Leben sinnlos. Nur eine klare Verschiebung der Bedeutung und des Gewichts vom Menschen zu dem, was kein Mensch ist und auch kein vom Menschen erträumter Gott, eine Projektion des Menschen, kann ihn langfristig in den Stand versetzen, den Frieden zu ertragen.«[68]

Nachdem er sich 1914 an die wilde Küste Nordkaliforniens zurückgezogen hatte, baute Jeffers in der Nähe der Stadt Carmel-by-the-Sea ein Steinhaus für sich und seine Ehefrau (die 1950 starb) und verbrachte dort den Rest seines Lebens. In dieser weitgehenden Abgeschiedenheit versuchte Jeffers sich von den menschlichen Konflikten fernzuhalten, deren Bedeutungslosigkeit er predigte. Er wollte seinen Sinn für die Tragödie wiedererlangen; doch er war unfähig, eine Tragödie zu erkennen, wenn sie sich vor seinen Augen abspielte. Obwohl er den Ersten Weltkrieg zutreffend als Katastrophe eingeschätzt hatte, konnte er nicht sehen, dass daraus der Zweite Weltkrieg als eine tragische Notwendigkeit folgte. Er unterstützte die amerikanischen Isolationisten und bemühte sich um eine distanzierte Haltung:

> … auch die P-38s und die Fliegenden Festungen sind so natürlich wie Pferdefliegen;
> Nur dieser Mensch, seine Übel und Rasereien sind nicht, was sie dem Menschen scheinen, nicht groß und zerschmetternd, sondern in Wirklichkeit
>
> Zu klein, um irgendeine Störung zu schaffen. Das ist gut. Das ist das Heil, die Gnade. Es ist recht, daß die gemordeten
> Städte Spuren in der Erde hinterlassen für einige Zeit, wie fossile Regenabdrücke im Schiefer, genauso schön.[69]

Jeffers' Versuch, in dem verheerenden Konflikt, der dem Angriff auf Pearl Harbour folgte, eine Art von Schönheit zu entdecken, zerstörte sein Ansehen als Dichter. Die Gedichte, die 1948 veröffentlicht wurden, schienen die Vorwürfe seiner Kritiker zu bestätigen, die ihn als einen Feind der Zivilisation betrachteten. Mit seiner Forderung, die Amerikaner sollten sich aus einem Krieg heraushalten, der gegen eine abscheuliche Spielart der modernen Barbarei geführt wurde, irrte der einsiedlerische Poet auf tragische Weise. Doch mit seiner Annahme, dass das menschliche Tier, wenn es vollkommen in sich selbst eintaucht, wahnsinnig wird, hatte Jeffers recht.

Etwas ausgewogener kritisierte ihn der polnische Lyriker Czesław Miłosz, der eine Zeit lang nicht weit von Carmel entfernt lebte. Er bewunderte zwar Jeffers' Mut, wies jedoch seinen Versuch zurück – und auch ähnliche Versuche anderer –, über die menschliche Welt hinauszugreifen. Nach Meinung von Miłosz war Jeffers »ein religiöser Schriftsteller, wenn auch nicht in dem Sinne, die sein Vater, ein calvinistischer Pastor, gutgeheißen hätte«.[70]

Das war eine kluge Beobachtung, denn Jeffers gab tatsächlich niemals den Glauben seines Vaters auf. Wie Nietzsche – dessen Vater ebenfalls Pastor war – trennte sich Jeffers nie vollständig vom Christentum. Er betrachtete das Universum nicht als einen Ausfluss Gottes, sondern als einen zweckfreien Prozess – aber als einen Prozess, dem man Verehrung entgegenzubringen habe. Wie für seinen Vater den einfachen Freuden des Lebens abgeschworen werden musste, um einen zürnenden Gott zu besänftigen, so mussten auch für Jeffers menschliche Gefühle geopfert werden um einer pantheistischen Gottheit willen. Jeffers liebte das Meer und lebte in seiner Nähe, denn das Meer verkörperte das Freisein von menschlichen Sorgen, von dem er träumte. Miłosz bevorzugte die Bräuche des katholischen Dorfes seiner Kindheit, wo die Menschen Sonnen und Monde in die Balken der Kreuze schnitzten, anstelle des kosmischen Psalms von Jeffers. Miłosz schrieb in einem Gedicht, das er Jeffers widmete:

Die Erde lehrt
Mehr als es die Nacktheit
Der Elemente tut. Kein Ungestrafter
Gibt sich selbst die Augen eines Gottes.[71]

Durch den Versuch, sich die Augen eines Gottes zu geben, rückte Jeffers nicht nur vom Christentum ab. Er stand auch im Konflikt zu den Heiden, denen er nacheifern wollte. Nichtchristliche Denker wie Seneca und Lukrez erstrebten die leidenschaftslose Ruhe des Universums. Sie glaubten nicht, sie würden diese Ruhe zu Lebzeiten erlangen. Sie akzeptierten die Sterblichkeit als ein Geschenk. Jeffers dagegen wollte die Tragödie zelebrieren und predigte wie Nietzsche den *amor fati:* Man solle das Schicksal freudig annehmen. Doch die Heiden betrachteten das Schicksal nicht als etwas, das man lieben oder verehren musste. Mark Aurel empfahl Schicksalsergebenheit, nicht Liebe zum Schicksal. Seneca riet dazu, das Schicksal zum Kampf herauszufordern und, falls es die Oberhand gewinnen sollte, ihm die Anerkennung seines Sieges zu verweigern, indem man sich das Leben nahm.

Die dionysische Selbstaufopferung, die Nietzsche in die antiken Griechen hineininterpretierte und die Jeffers wiederaufleben lassen wollte, war in Wirklichkeit eine christliche Haltung des Annehmens von Opfer und Unterwerfung. Aus diesem Grund waren weder Nietzsche noch Jeffers imstande, den Sinn der Tragödie wiederzufinden. Trotz aller Todesqualen, die das Kreuz zum Ausdruck bringt, ist es kein tragisches Symbol. Eine Tragödie wäre es gewesen, wenn Jesus als Besiegter und für immer hätte sterben müssen. Statt dessen ersteht er wieder auf von den Toten und die Welt wird erlöst. Mit ihrer Fortschrittshoffnung bleiben die modernen Anti-Christen Schüler eines anti-tragischen Glaubens.

Doch nicht nur das Christentum verleugnet die Tragödie. Das gilt auch für die andere Hauptströmung des westlichen Denkens, die auf Sokrates und Plato zurückgeht. Wie einige Traditionen des östlichen Mystizismus löst auch der Platonismus das Selbst in einem imaginierten Einssein auf.

In »Credo«, einem Gedicht, zu dem er wahrscheinlich durch seine Begegnungen mit dem indischen Lehrer Jiddu Krishnamurti Mitte der 1930er Jahre angeregt wurde, wies Jeffers auf die Unterschiede zwischen seinem und dem östlichen Mystizismus hin:

> Mein Freund aus Asien hat Geisteskräfte und Magie, er
> pflückt ein blaues Blatt vom jungen Chinabaum
> Und starrt es an, sammelnd und besänftigend
> Den Gott in seinem Sinn, und erschafft einen Ozean,
> wirklicher als der Ozean, das Salz, die tatsächliche
> Erschreckende Gegenwart, die Wucht des Wassers.
> Er glaubt, daß nichts wirklich ist, es sei denn, wir machen
> es. Ich Geringer fand in meinem Blut,
> Gezeugt westlich des Kaukasus, einen härteren
> Mystizismus.
> ... Der Sinn
> Zieht, die Augen schließen sich, der Geist ist ein Vorüber-
> ziehen;
> Die Schönheit der Dinge war lange vor den Augen ge-
> boren und genügt sich selbst: Die herzzerbrechende
> Schönheit
> Wird bleiben, wenn kein Herz mehr sein wird, das daran
> zerbricht.[72]

Jeffers hielt seinen »härteren Mystizismus« für eine Alternative zu der introspektiven Suche jener Mystiker, die, in sich selbst nach den Spuren von Gott forschend, nach wie vor den Menschen als Mittelpunkt der Dinge betrachten. Indem er den Blick vom Menschen nach außen richtete, vollzog Jeffers die nötige Wendung; doch wenn er von der unsterblichen Schönheit schreibt, zeigt er, dass sein Mystizismus ein Mystizismus der traditionellen, entrückten Art ist. Jeffers wollte es vermeiden, menschliche Ideen mit einer zeitlosen Realität zu identifizieren, wie es Plato getan hatte, doch wie der griechische Philosoph projizierte auch er eine menschliche Reaktion auf die Welt in die Natur der Dinge. Die Schönheit, die nach seiner Aussage jedes menschliche Auge überstehen wird, ist jene Harmonie, die nach Platos Auffassung außerhalb der Zeit existiert – dieselbe Harmonie, die nach Meinung von Sokrates das menschliche Unglück aufheben kann. Für den Begründer der abendländischen Philosophie schützte der *Logos* – die Weltvernunft, die durch ihn sprach – jene, die diesem Logos folgten, vor jedem großen Schaden.

Anders als seine modernen Schüler vertrat Sokrates keine Fortschrittsidee: Die Erlösung war kein historisches Ereignis, sondern das Aufgehen in einem zeitlosen Raum. Dass Sokrates niemals sein Todesurteil infrage stellte, hing auch damit zusammen, dass er glaubte, der wichtigste Teil von ihm könne nicht sterben. Diese griechische Auffassung von einer vollkommenen geistigen Realität floss in den Theismus ein, wo sie zu einem Bestandteil der Idee Gottes wurde. Jeffers' Konzeption war nicht der gottlose Mystizismus, nach dem er strebte, sondern eine Verklärung der christlichen und der platonischen Religion.

Ohne es zu erkennen, erneuerte Jeffers den sokratischen Glauben, der – neben dem Christentum – den westlichen Humanismus geprägt hat. Die Vermischung einer griechischen

Idee von der Vernunft, die Zugang zu zeitlosen Wahrheiten eröffnet, mit einer christlichen Erlösungsvorstellung in der Geschichte führte zu keiner stimmigen Synthese, und doch formte der daraus hervorgehende Humanismus – säkularer und religiöser Art – die vorherrschende westliche Denktradition. Daneben gab es immer Stimmen, die darauf hinwiesen, ein gutes Leben sei auch ohne metaphysische Tröstungen möglich: die alten europäischen Dramatiker und Skeptiker, die geistigen Abenteurer der frühen Moderne wie Montaigne und in der heutigen Zeit Mauthner und Freud, Denker, die sich nicht scheuten, den Wert des Denkens in Zweifel zu ziehen.

Wenn der menschliche Geist jemals von den Mythen befreit werden kann, dann nicht durch die Wissenschaft und noch weniger durch die Philosophie, sondern nur in Momenten der Kontemplation, der inneren Einkehr. In einem Gedicht, in dem Wallace Stevens einen russischen Emigranten beschreibt, der eine Schale mit Pfirsichen betrachtet, berührt dieser Russe die Pfirsiche mit mehr als nur seinem Geist:

Mit meinem ganzen Körper koste ich diese Pfirsiche,
Ich berühre sie und rieche an ihnen. Wer spricht? ...
Wer spricht? Doch es muss dieses Ich sein,
Dieses Tier, dieser Russe, dieser Exilant ...

... Ich wusste nicht,
Dass diese Wildheit ein Selbst
Auseinanderreißen konnte, so wie diese Pfirsiche.[73]

Die Erkenntnis, die er beim Betrachten der Pfirsiche gewinnt, verändert »dieses Ich, dieses Tier«, ein bedauernswertes Tier, das reicher ist, als ihm bewusst ist. Das Selbst, das in dem Russen erscheint, als er die Pfirsiche betrachtet, ist ihm unbekannt. Während er die Pfirsiche mit den Augen eines Fremden betrachtet, verfällt er in eine Kontemplation von ganz anderer Art als jene, von der religiöse Mystiker sprechen. Er bricht aus dem Gefängnis seines gewöhnlichen Selbst nicht in ein großes Einssein aus, sondern in eine äußere Welt, die er noch nie vorher gesehen hat. Diese Vision mag Frieden nach sich ziehen oder auch tiefe Traurigkeit. In jedem Falle ist sie ein neuer Abschnitt im Leben des Geistes.

Kontemplation kann als eine Tätigkeit aufgefasst werden, die nicht darauf zielt, die Welt zu verändern oder zu verstehen, sondern sie einfach sein zu lassen. Auf solche Weise aufnahmefähig zu sein, ist nicht leicht. John Bakers ein Jahrzehnt währende Beschäftigung mit dem Falken und Llewelyn Powys' lebenslanges Bemühen, eine bestimmte Sicht auf einen Teich wiederzuerlangen, erforderten es, sich entschlossen allen Ablenkungen und Hindernissen zu widersetzen. Doch die Offenbarungen, die sich daraus ergaben, waren nicht das Produkt einer intensiven Konzentration, die diesen notwendigerweise vorausgegangen war. Das willentliche Aufschließen des Geistes für die Sinne ist ein Vorspiel zu jenen Ereignissen, die man nicht absichtlich herbeiführen kann.

Ebenso wie jene der religiösen Mystiker ist auch diese Art der Kontemplation mit der Aufhebung des Selbst verbunden. Jedoch nicht mit dem Ziel, in ein höheres Selbst überzugehen – das ist eine Erfindung, die von einem animalischen Geist hinterlassen wurde. Gottsuchende Mystiker möchten sich von diesem geistigen Gespinst zu einer neuen Lebensweise führen lassen. Sie haben recht mit der Annahme, ein Leben, das nur aus Handeln besteht, sei eine Jagd nach Phantomen, aber dies gilt auch für ein Leben, das an einer fiktiven Grenze zwischen zwei Welten zugebracht wird. Das bedürftige Tier, das die andere Welt erfunden hat, verschwindet nicht, und wenn man versucht, dieses Wesen hinter sich zu lassen, muss man stattdessen mit einem Geist leben.

Gottlose Kontemplation ist ein einschneidenderer und vergänglicherer Zustand: ein vorübergehendes Heraustreten aus einer allzu menschlichen Welt, ohne ein bestimmtes Ziel zu verfolgen. In den meisten geistigen Traditionen verspricht ein kontemplatives Leben eine Erlösung vom Menschsein: im Christentum das Ende der Tragödie und eine kurze Kostprobe der göttlichen Komödie, in Jeffers' Pantheismus die Auslöschung des Selbst in einem rauschhaften Einssein. Der gottlose Mystizismus kann weder der Endgültigkeit der Tragödie entrinnen noch der Schönheit ewige Dauer verleihen. Er löst innere Konflikte nicht im falschen Frieden eines ozeanischen Gefühls auf. Alles, was er zu bieten hat, ist das reine Sein. Es gibt keine Erlösung vom Menschsein. Aber eine Erlösung ist auch nicht nötig. Oder, wie es der nordirisch-britische Schriftsteller Louis MacNeice formulierte:

> Wenn es in unserer Spezies seit dem Cro-Magnon-
> Menschen
> Keine geistige Veränderung irgendeiner Art gegeben hat
> Und keine zu erwarten ist, während das Jahrtausend
> voranschreitet,
> So hat doch jeder von uns Mutationen des Geistes erlebt,
> Als sich die Welt emporschwang und alles, was einst ein
> Plan gewesen war,
> Sich auflöste und Flüsse hervorsprudelten aus etwas, das
> wie ein Tümpel erschien.
> Denn jede starre Welt, die du oder ich
> Über die wirkliche stülpen, muss zuweilen aufbrechen,
> und neue
> Muster aus neuen Unordnungen tun sich auf wie eine
> Rose,
> Und alte Annahmen weichen neuen Eindrücken.
> Der Fremde in den Kulissen wartet auf seinen Einsatz ...[74]

Dank

Dieses Buch hätte nicht geschrieben werden können ohne die Hilfe und die Unterstützung vieler Menschen. Simon Wonder, mein Lektor bei Penguin, ermutigte mich in allen Phasen der Arbeit, und seine Kommentare zum Text waren von unschätzbarem Wert. Tracy Bohan, meine Agentin bei Wylie Agency, ließ mir alle Unterstützung angedeihen, die sich ein Autor wünschen kann, und wartete mit Ratschlägen auf, die mir viel weitergeholfen haben. Adam Phillips' Kommentare zum Text haben einen wichtigen Beitrag zur Gestalt des Buches geleistet. Bryan Appleyard machte mich mit Wallace Stevens bekannt, dessen Dichtung mich in vielfältiger Weise bewegt hat; die Ergebnisse dieser Bekanntschaft erscheinen in diesem Buch. Gespräche mit John Banville, Richard Holloway, Gerard Lemos, Paul Schutze, Will Self, Geoffrey Smith und Jon Stokes flossen in die Gedanken ein, die hier zur Sprache gebracht werden. Wie stets schulde ich meiner Ehefrau Mieko meinen größten Dank.

Die Verantwortung für den Inhalt des Buches, auch für etwaige Irrtümer, die es enthalten mag, liegt allein bei mir.

John Gray

Anmerkungen

1 Ein altes Chaos

1 Arthur Koestler, *Sonnenfinsternis,* Wien 1978, S. 240.
2 Joseph Conrad, »Ein Vorposten des Fortschritts«, *Geschichten der Unrast und sechs Erzählungen,* Frankfurt/M. 1963, S. 130.
3 Ebd., S. 107.
4 Ebd.
5 Ebd., S. 128.
6 Ebd., S. 129.
7 Georges Jean-Aubry, *Joseph Conrad: Life and Letters,* Band 1, Garden City und New York 1927, S. 141.
8 Conrad, »Ein Vorposten des Fortschritts«, S. 105.
9 Ebd., S. 106.
10 Ebd., S. 112 f.
11 Ebd., S. 103.
12 Ebd., S. 101.
13 Ebd., S. 103.
14 Ebd., S. 130.
15 Ebd., S. 99.
16 Ebd., S. 108.
17 Wallace Stevens, »Sunday Morning/Sonntagmorgen«. In: *Die Weitung alles Sichtbaren. Gedichte,* Heidelberg 2013, S. 49.
18 Joseph Conrad, *Der Geheimagent,* Frankfurt/M. 1984, S. 102.
19 Ebd., S. 324.
20 Norman Lewis, *Neapel '44. Ein Nachrichtenoffizier im italienischen Labyrinth,* Wien und Bozen 1996, S. 46.
21 Siehe dazu Julian Evans, *Semi-Invisible Man: The Life of Norman Lewis,* London 2008.
22 Lewis, *Neapel '44,* S. 12 f.
23 Ebd., S. 108.
24 Ebd., S. 56.
25 Ebd., S. 74, 137, 142.
26 Ebd., S. 184.

27 Norman Lewis, *I Came, I Saw*, London 1994, S. 321 f.

28 Lewis, *Neapel '44*, S. 52 f.

29 Zu Malapartes Leben siehe Dan Hofstadters Nachwort zur amerikanischen Ausgabe von Malaparte, *Kaputt*, New York 2005, S. 431–437.

30 Curzio Malaparte, *Die Haut*, Karlsruhe 1950, S. 55 f.

31 Ebd., S. 52.

32 Curzio Malaparte, *Kaputt*, Karlsruhe 1958, S. 422.

33 Ebd., S. 57.

34 Curzio Malaparte, *Die Wolga entspringt in Europa*, Karlsruhe 1977, S. 146.

35 Arthur Koestler, *Die Geheimschrift. Bericht eines Lebens. 1932 bis 1940*, Wien, München und Basel 1955, S. 11.

36 Ebd., S. 376.

37 Ebd., S. 374.

38 Arthur Koestler, *Pfeil ins Blaue. Bericht eines Lebens. 1905–1931*, Wien, München und Basel 1953, S. 307.

39 Arthur Koestler, *Abschaum der Erde. Autobiographische Schriften*, Zweiter Band, Frankfurt/M. und Berlin 1971, S. 449.

40 Ebd., S. 426.

41 Ebd., S. 372.

42 Ebd., S. 373.

43 Stefan Zweig, *Die Welt von Gestern*, Düsseldorf und Zürich 2000, S. 16.

44 Joseph Roth, *Die Kapuzinergruft*, München 1967, S. 31.

45 Joseph Roth, *Die Büste des Kaisers*, in: Joseph Roth, *Die Erzählungen*, Köln 1973, S. 173 f.

46 Joseph Roth, *Briefe 1911–1939*, hrsg. und eingel. v. Hermann Kesten, Köln und Berlin 1970, S. 249.

47 George Orwell, *Neunzehnhundertvierundachtzig*, Baden-Baden und Stuttgart 1950, S. 293.

48 Ebd., S. 297.

49 Ebd.

50 George Orwell, »Looking Back on the Spanish War«, *Essays*, London 2000, S. 224 f.

51 Eugene Lyons, *Assignment in Utopia*, New York 1937, S. 240.

52 Das Leben von Jones wird erzählt von Margaret Siriol Colley in *Gareth Jones: A Manchuko Incident*, Nottingham 2001. Eine Radio-

dokumentation über Jones, *But They are Only Russians*, wurde am 13. Januar 2012 von BBC Radio 4 ausgestrahlt.

53 Lyons, *Assignment in Utopia*, S. 281.

54 Ebd., S. 451.

55 Ebd., S. 447.

56 Orwell, *Neunzehnhundertvierundachtzig*, S. 291.

57 Ebd., S. 306, 308, 311.

58 Fjodor Dostojewski, *Aufzeichnungen aus dem Untergrund*, in: F.M. Dostojewski, *Sämtliche Werke in achtzehn Bänden*, Band VII, Lausanne 1968, S. 231.

59 Sebastian Haffner, *Anmerkungen zu Hitler*, München 1978, S. 52 f.

60 Sebastian Haffner, *Geschichte eines Deutschen. Die Erinnerungen 1914–1933*, München 2006, S. 291.

61 Ebd., S. 129.

62 Vgl. Victor Klemperer, *Ich will Zeugnis ablegen bis zum letzten. Tagebücher 1933–1941*, Berlin 6. Aufl. 1996.

63 Alexander Herzen, *Vom anderen Ufer*, Hamburg 1850, S. 88.

64 Ebd., S. 88 f.

65 Alexander Herzen, *Mein Leben. Memoiren und Reflexionen (1852–1868)*, Band 3, Berlin 1962, S. 292.

66 Ebd., S. 85 f., 91.

67 William Fergusson, *Das Ende des Geldes: Hyperinflation und ihre Folgen für die Menschen am Beispiel der Weimarer Republik*, München 2011 S. 31.

68 Ebd., S. 57.

69 Ebd., S. 58 f., 61.

70 Ebd., S. 265 ff.

71 W. Scheidel und S. J. Friesen, »The Size of the Economy and the Distribution of Income in the Roman Empire«, *Journal of Roman Studies*, Bd. 99, 2009, S. 61–91.

72 Karl Marx, *Zur Kritik der politischen Ökonomie*, Marx/Engels, *Werke*, Band 12, 7. Aufl. Berlin 1971, S. 9.

73 Leon Festinger, Henry W. Riecken und Stanley Schachter, *When Prophecy Fails*, London 2008, S. 3.

74 Ebd., S. 6 f.

75 Frank Kermode, *The Sense of an Ending*, 2. Aufl., New York 2000, S. 6.

2 Hinter dem letzten Gedanken

1 Holly Stevens (Hrsg.), *Letters of Wallace Stevens*, Berkeley und London 1996, S. 449.

2 Siehe dazu Philip Rieff, *The Mind of the Moralist*, Chicago und London 1979, S. 17.

3 L. Annaeus Seneca, *Epistulae morales ad Lucilium/Briefe an Lucilius*, Brief 51, Band 1, hrsg. und übers. v. Gerhard Fink, Düsseldorf 2007, S. 271.

4 Brief an Oskar Pfister (5. 6. 1910), in: Ernst L. Freud und Heinrich Meng (Hrsg.), *Sigmund Freud, Oskar Pfister. Briefe 1909–1939*, Frankfurt/M. 1965, S. 36.

5 Sigmund Freud, *Eine Schwierigkeit der Psychoanalyse* (1917), Gesammelte Werke, Band 12, S. 11 f.

6 Arthur Schopenhauer, *Die Welt als Wille und Vorstellung*. Band II. Nach den Ausgaben letzter Hand hrsg. v. Ludger Lütkehaus, Zürich 1988, S. 619.

7 Sigmund Freud, *Neue Folge der Vorlesungen zur Einführung in die Psychoanalyse* (1931/32), Gesammelte Werke, Band 15, S. 86.

8 Zit. n. Thomas Auchter, »›Das Gelächter ist der Hoffnung letzte Waffe‹ (H. Cox): Psychoanalytische und anthropologische Aspekte von Lachen, Humor, Komischem und Witz«, in: Wolfram Mauser und Joachim Pfeiffer (Hrsg.), *Lachen*, Würzburg 2006 S. 51.

9 Sigmund Freud – Lou Andreas-Salome, *Briefwechsel*, Frankfurt/M. 1966, S. 205.

10 Zit. n. Rudolf Vierhaus (Hrsg.), *Deutsche biographische Enzyklopädie (DBE)*, 2. Ausgabe, Band 3: Einstein – Görner, München 2006, S. 492.

11 Ernest Jones, *Das Leben und Werk von Sigmund Freud*, Band II, Bern 1962, S. 290.

12 Sigmund Freud, *Warum Krieg? (Briefwechsel mit Albert Einstein)* (1932/33), Gesammelte Werke, Band 16, S. 22.

13 George Santayana, »A Long Way to Nirvana«, *The Philosophy of Santayana*, hrsg. v. Irwin Edman, New York 1936, S. 576, 579, 580.

14 Sigmund Freud, *Jenseits des Lustprinzips*, Gesammelte Werke, Band 13, S. 40.

15 Santayana, »A Long Way to Nirvana«, S. 34.

16 Sigmund Freud, *Die Zukunft einer Illusion,* Gesammelte Werke, Band 14, S. 353.

17 Ebd., S. 351.

18 Ebd., S. 380.

19 Die Ansicht, dass Mythen degenerierte Fiktionen sind, wird vertreten in Frank Kermode, *The Sense of an Ending,* New York 2000, Kap. II.

20 Hans Vaihinger, *Die Philosophie des Als ob. System der theoretischen, praktischen und religiösen Fiktionen der Menschheit aufgrund eines idealistischen Positivismus,* Leipzig 1927, S. 129 f.

21 Wallace Stevens, *Opus Posthumous,* New York 1989, S. 189.

22 Wallace Stevens, »Notes toward a Supreme Fiction«, *The Palm at the End of the Mind,* hrsg. v. Holly Stevens, New York 1990, S. 230.

23 Ebd., S. 229.

24 Wallace Stevens, »The Pure Good of Theory«, *The Palm at the End of the Mind,* S. 398.

25 Wallace Stevens, *Die Weitung alles Sichtbaren,* Heidelberg 2013, S. 53.

26 Sigmund Freud und Joseph Breuer, *Studien über Hysterie.* Gesammelte Werke, Band 1, S. 310.

27 Sigmund Freud, *Warum Krieg? (Briefwechsel mit Albert Einstein)* (1932/33), Gesammelte Werke, Band 16, S. 24.

28 John Ashbery, »Life Is a Dream«, *Your Name Here,* Manchester 2000, S. 59.

29 Sigmund Freud, *Unser Verhältnis zum Tode* (1915), Gesammelte Werke, Band 10, S. 344.

30 Edmundson, *The Death of Sigmund Freud,* S. 44. C. G. Jung, »Zur gegenwärtigen Lage der Psychotherapie« (1934), *Zentralblatt für Psychotherapie,* Band 7, 1934, S. 9 (zit. n. Harald Leupold-Löwenthal, *Ein unmöglicher Beruf. Über die schöne Kunst, ein Analytiker zu sein,* Wien u.a. 1997, S. 253).

31 Zu dieser Phase in Jungs Leben siehe Deirdre Blair, *Jung: A Biography,* New York 2003, S. 486 ff; Peter Grose, *Allen Dulles: Spymaster,* London 2006, S. 164 f.; Mary Bancroft, *Autobiography of a Spy,* New York 1997, S. 91–97.

32 Sigmund Freud/C. G. Jung, *Briefwechsel,* hrsg. v. William McGuire und Wolfgang Sauerländer, Frankfurt/M. 1974, S. 324 ff.

33 James Graham Ballard, *Karneval der Alligatoren*, Frankfurt/M. 1988, S. 7.

34 Ebd., S. 18.

35 Richard Jefferies, *After London or Wild England*, Oxford 1980, S. 1.

36 Ballard, *Karneval der Alligatoren*, S. 149.

37 James Graham Ballard, *Miracles of Life*, London 2008, S. 58 f.

38 Zitiert nach: Jorge Luis Borges, *Die Bibliothek von Babel*, Stuttgart 1974.

39 Jorge Luis Borges, *Gesammelte Werke in zwölf Bänden*. Band 9: *Der Gedichte dritter Teil*, hrsg. v. Gisbert Haefs und Fritz Arnold, München 2008, S. 225.

40 T. E. Hulme, »Cinders«, *Selected Writings*, hrsg. v. Patrick McGuiness, Manchester 2003, S. 20.

41 Ebd., S. 26.

42 Ebd., S. 29.

43 Ebd., S. 24, 20, 22, 23, 24.

44 Hulme, »Romanticism and Classicism«, *Selected Writings*, S. 70.

45 Ebd., S. 78.

46 Hulme, »Autumn«, *Selected Writings*, S. 1.

47 Hulme, »Diary from the Trenches«, *Further Speculations*, hrsg. v. S. Hynes, Lincoln, Nebr., 1955, S. 157.

48 Hulme, »North Staffs Continues Where He Left Off«, *Further Speculations*, S. 199.

49 Fritz Mauthner, *Wörterbuch der Philosophie. Neue Beiträge zu einer Kritik der Sprache*, Zweiter Band, München und Leipzig 1910, S. 131 f.

50 Ludwig Wittgenstein, *Tractatus logico-philosophicus*, London 1922, 4.0031.

51 Gershon Weiler, *Mauthner's Critique of Language*, Cambridge 1970, S. 295.

52 Zitiert nach Matthew Feldman, *Beckett's Books: A Cultural History of Samuel Beckett's »Interwar Notes«*, London und New York 2006, S. 126.

53 Ebd., S. 130.

54 Fritz Mauthner, *Beiträge zu einer Kritik der Sprache, Erster Band: Zur Grammatik und Logik*, 2. Aufl., Stuttgart und Berlin 1913, S. 632.

55 Samuel Beckett, *Disjecta: Miscellaneous Writings and a Dramatic Fragment*, hrsg. v. Ruby Cohn, London 1983, S. 172.

56 Feldman, *Beckett's Books*, S. 128.

57 Samuel Beckett, *Company, Ill Seen, Ill Said, Worstward Ho, Stirrings Still*, hrsg. v. Dirk Van Hulle, London 2009, S. 133 ff.

58 Mauthner, *Beiträge zu einer Kritik der Sprache, Zweiter Band: Zur Sprachwissenschaft*, 2. Aufl., Stuttgart und Berlin 1912, S. 248.

59 Fritz Mauthner, *Der Atheismus und seine Geschichte im Abendlande*, 4. Band, Stuttgart und Berlin 1923, S. 427.

60 John Ashbery, »The Skaters«, *Collected Poems 1956–1987*, New York 2008, S. 175.

3 Ein neues Sonnenlicht

1 John Ashbery, »As One Put Drunk Into the Packet-Boat«, *Self-Portrait in a Convex Mirror: Poems by John Ashbery*, Manchester 2007, S. 2.

2 J. A. Baker, *The Peregrine, The Hill of Summer and Diaries: The Complete Works of J. A. Baker*, eingel. v. Mark Cocker und hrsg. v. John Fanshawe, London 2011, S. 237. Die Informationen über das Leben von J. A. Baker beruhen auf der Darstellung von Cocker und Fanshawe in der Einleitung zu diesem Buch.

3 J. A. Baker, *Ich folgte dem Falken*, Hamburg 1969, S. 228.

4 Ebd., S. 10.

5 Baker, *Complete Works*, S. 48.

6 Ebd., S. 131 f.

7 Ebd., S. 92.

8 Ebd., S. 201.

9 Ebd., S. 32.

10 Ebd., S. 128.

11 Ebd., S. 45 f.

12 Ebd., S. 33.

13 Ebd., S. 193.

14 Ebd., S. 114 f.

15 Baker, *Ich folgte dem Falken*, S. 118 f.

16 Ebd., S. 223.

17 Baker, *Complete Works*, S. 28.

18 Ebd., S. 98.

19 Baker, *Ich folgte dem Falken*, S. 228.

20 Baker, *Complete Works*, S. 31.

21 Ebd., S. 207.
22 Baker, *Ich folgte dem Falken*, S. 226 f.
23 Ebd., S. 227.
24 Wallace Stevens, »As at a Theatre«, *The Palm at the End of the Mind*, hrsg. v. Holly Stevens, New York 1990, S. 361.
25 Baker, *Ich folgte dem Falken*, S. 223.
26 Patrick Leigh Fermor, *Reise in die Stille. Zu Gast in Klöstern*, München und Wien 2000, S. 11 f. Eine sehr aufschlussreiche Darstellung von Leigh Fermors Leben findet sich in Artemis Cooper, *Patrick Leigh Fermor: An Adventurer*, London 2012.
27 Blaise Pascal, *Gedanken über die Religion und einige andere Themen*, hrsg. v. Jean-Robert Armogathe, übers. v. Ulrich Kunzmann, Stuttgart 1997, S. 95.
28 Ebd., S. 97.
29 Max Picard, *Die Welt des Schweigens*, Frankfurt/M. 1959, S. 76.
30 Don Paterson, »Phantom IV«, *Rain*, London 2009, S. 55.
31 William Empson, *The Complete Poems*, hrsg. v. John Haffenden, London 2001, S. 55.
32 Richard Jefferies, »The Pigeons at the British Museum«, *The Life of the Fields*, Oxford und New York 1938, S. 215 f.
33 Ford Madox Ford, *The Soul of London*, London 1995, S. 23.
34 Ford Madox Ford, »On Impressionism«, *The Good Soldier*, New York und London 1995, S. 262 f.
35 Ford, *The Soul of London*, S. 7.
36 Llewelyn Powys, »A Pond«, *Earth Memories*, Bristol 1983, S. 37–40.
37 Llewelyn Powys, *Skin for Skin*, London 1975, S. 5.
38 Ebd., S. 8, 9.
39 Ebd., S. 26.
40 Llewelyn Powys, *Impassioned Clay*, London und New York 1931, S. 4.
41 Llewelyn Powys, *Glory of Life*, London 1975, S. 27.
42 Powys, *Impassioned Clay*, S. 83 f.
43 Powys, *Glory of Life*, S. 44.
44 Powys, *Skin for Skin*, S. 95.
45 Ebd., S. 47.
46 Llewelyn Powys, *Ebony and Ivory*, Bristol 1983, S. 33.
47 Llewelyn Powys, *The Verdict of Bridlegoose*, London 1975, S. 65 f.

48 Llewelyn Powys, *Love and Death,* London 1939, S. 301.
49 Alyse Gregory, *The Cry of a Gull: Journals 1923–48,* Dulverton 1973, S. 91, 105.
50 Malcolm Elwin, *The Life of Llewelyn Powys,* John Lane 1946, S. 271.
51 Siehe dazu Anthony Head, Einleitung zu Llewelyn Powys, *A Struggle for Life: Selected Essays of Llewelyn Powys,* London 2010, S. IX.
52 *Imagist Poetry: An Anthology,* hrsg. v. Bob Blaisdell, New York 1999, S. 44 f.
53 Georges Simenon, *Die Flucht des Monsieur Monde,* Zürich 1991, S. 182.
54 Ebd., S. 27.
55 Ebd., S. 48.
56 Ebd., S. 48 f.
57 Ebd., S. 130 f.
58 Ebd., S. 109 f.
59 Ebd., S. 164.
60 Ebd., S. 133.
61 Samuel Beckett, *Proust. Essay,* Frankfurt/M. 1989, S. 16 f.
62 Friedrich Nietzsche, *Die Geburt der Tragödie aus dem Geiste der Musik,* Stuttgart 1979, S. 94.
63 Ebd., S. 93 f.
64 Robinson Jeffers, »Des Humanisten Tragödie«, *Ausgewählte Gedichte,* übers. v. Kai-Michael Gustmann, Leipzig 1997, S. 20.
65 Ebd., S. 21 f.
66 Ebd., S. 22.
67 Robinson Jeffers, »Preface«, *The Double Axe and Other Poems,* New York 1977, S. xxi.
68 Robinson Jeffers, »Original Preface«, *The Double Axe and Other Poems,* S. 171, 175.
69 Robinson Jeffers, »Ruhig und weit der Ozean«, *Ausgewählte Gedichte,* S. 69.
70 Czesław Miłosz, *Visions from San Francisco,* New York 1982, S. 91.
71 Czesław Miłosz, »To Robinson Jeffers«, ebd., S. 96.
72 Robinson Jeffers, »Credo«, *Ausgewählte Gedichte,* S. 16.
73 Wallace Stevens, »A Dish of Peaches in Russia«, *Selected Poems,* hrsg. v. John N. Serio, New York 2009, S. 129.

74 Louis MacNeice, »Mutations«, *Collected Poems,* London 2002, S. 195. Ich bin Richard Holloway dafür dankbar, dass er mich auf dieses Gedicht aufmerksam gemacht hat, aus dem Teile auch in seinem Buch *Leaving Alexandria: A Memoir of Faith and Doubt,* Edinburgh und London 2012, S. 234 f., zitiert werden.

JOHN GRAY
POLITIK DER APOKALYPSE
Wie Religion die Welt in die Krise stürzt
Politik der Apokalypse
John Gray Klett-Cotta